和泉の国の青春

和泉の国の青春

宮本常一

八坂書房

目次

写真所蔵　宮本千晴氏
写真提供　（株）TEM研究所

和泉の国の青春

家内工業の村

摂河泉の農村は、大阪を中心にして早くから職業の分化したところであった。農業にたよらずとも食える仕事があった。もとこの平野では多くの棉をつくった。それにともなう糸つむぎや機織もさかんであった。和泉の国は男も機を織ったと『人国記』にもある。そうした家内工業が、明治になるとみな小さな工場になった。木綿の仲買いをしていた者や金の融通のつくものがはじめたもので、はじめは農事用の納屋など利用して織機をすえていたのが、家のそばの空地などに小さい工場をたて、女をつかって機を織り、男たちはそれを川でさらしたり、染色したりする仕事にたずさわった。

そのほか座職の数はきわめて多く、それらは大阪の商店の下請けをしていたのである。そうしてできあがったものを、交通機関の発達する以前は天秤棒でかついだり、荷車につけて運んだりする仲間がいた。そして子どもも十ばかりになれば、小銭をもうけるような仕事がすくなくなかった。

女の子は七、八歳になると、もう子守りにやられた。それも金持の家へやとわれていくものは少なかった。母親が工場通いをしているような家が多かったのである。工場へいくのでは乳飲児の面倒をみることもできない。そこで近所の女の子をたのんで守りをしてもらう。守りたちは工場の近くの道の辻にたって、機械の音のやむまで、背中の子をゆさぶりながら子守唄をうたっていた。そして十二、四歳になると、自分もまた工場へ働くようになるのである。

小学校ができてからも、この地方の子どもは長期欠席がじつに多かったし、親もまたたいてい六年だけでやめさせた。高等科というものがあった時代に、この地方には高等科のない尋常小学校がいかに多かったことか。高等科へいくものは数えるほどしかなかった上に、女の子はほとんど六年でやめた。それはただ貧しかったというだけでなく、金になる仕事がいくつもあるということが、人々を仕事の方へひきつけた。そして金さえあれば好きなことができた。

この地方には灰買いという商売があった。大きな駄ふご（ムシロでつくった籠状の容器）をになって、町家のかまどでできた灰を買って肥料屋へ持っていく。そうした灰のうち葬儀場の人をやいた灰は肥料としてもっともききめがあるので価も高く喜ばれた。灰は軽いもので、子どもでもになうことができた。

北田は小学校へもろくにいかず、十二、三歳のころから年上の青年について灰買いにあるいた。そして金をもうける術を知った。彼らのたのしみは女郎買いにいくことであったが子どもはだめだった。兄貴分は金がたまると堺竜神の遊廓へいった。そして戻ってくるとそのことを北田らに吹聴し、遊廓へいきたくなると、よく北田らのチンピラを相手にしてバクチをして、たいていは持金をまきあげた。彼はそれをまきあげられても仕方がないと思った。

しかし家へもどってくると、子どもの金をあてにする母親がいた。彼の家は村のはずれにあった。小屋同様の荒壁の一間だけで畳はなく、ムシロをしいていた。彼の母親というのは結婚したことがなかった。小さい織場の織子をしていたのを、かえり道で男に待ち伏せられて女にしてもらったのは十四であったという。それから男と寝るのがくせになったが、相手はたえずかわっていた。はらめば処分してくれる老女がいて片をつけたが、女房にしてやるという男にだまされて生んだのが北田で、男の方はどこかへ消えてしまった。村の男ではなく村へくる魚屋であった。

子を生んでからは、子どもがあるために工場へつとめにくくなった。ちゃんとした家があればよいが、それがない。子守りをたのめばよいが、父なし子を負うてくれる女の子はいなかった。そこで男を見つけては寝ることで生きていったのである。村の者はそれを見て「女にすたりはない」といって笑った。北田はそういう家で生長した。

母親ははやくから彼のもうけをあてにした。母親があてにしたというより、彼自身で食うことを考えなければならなかったのである。彼がお金を一文も持ってかえらない日があると、家のなかへは入れてくれなかった。大きな声でどなりつけて戸をぴしゃりとたてた。仕方がないから彼はよくお宮の拝殿へはいっては寝たが、冬は寒くてやりきれなかった。夏は田植のまえには田のあぜで寝た。寝るというよりは若い者たちの密会をさがしてあるくことが多かった。

工場へつとめている女の子はたいてい若い者にねらわれる。夜業があると、ひけるのが夜九時になる。そういうところを若い男がまちうけて田のほとりへつれていく。あぜ草はやわらかくのびているし、麦も背のびをしている。寝ころべばどこからも見えない。あたたかい夜ならば、田のあぜのどこかに三組や四組の男女は寝ている。十歳をすぎたばかりの北田のように、家におり場のない子どもたちはよくこれを見にいった。およそあたりをつけておいて、麦畑と麦畑のあいだの溝に身をひそめて人の気配のする方へ近づいていく。ひそひそ声のするところへいく。闇の夜だと、すぐそばまでいっても相手に気づかれることは少ない。見ていて、たまりかねて思わず声をたてることもある。あわてて逃げだすのだが、追ってくるようなことはなかった。

灰買いの子

灰買いは、このあたりでもいちばん馬鹿にされる商売の一つであった。そしてそれをおこなっている部落もきまっており、さらにその部落のなかの貧しい、また人にも使ってもらえないようなものがやっていた。

あれを見やしゃれ　駄ふごかたげて

あれは××の灰買いや

灰買いが通るとそういって子どもたちがはやしたてたものである。××のところへ地名をいれてよぶのである。それでも昭和のはじめまでは、灰買いはとにかく小銭もうけにはなったのである。ことにこの連中は死人のあったことをききつけたり、三昧《サンマイ》（墓地）に煙がたちのぼったりしているのを見ると、その翌晩ひそかに三昧へ出かけていって灰をぬすんでくる。三昧の近くに隠亡《オンボウ》の家のある場合はたいていもう処分しているが、そうでないところでは焼場の近くへ灰がかき出してあるものだ。それをとってくる。

ところが昭和も十年をすぎてからは金肥が流行しはじめて、そのうえ大阪の屎尿配給設備がととのって、どんな山奥にもコンクリートの肥溜がつくられ、大阪市からトラックでどしどし屎尿がそこへ運ばれるようになると、灰の需要はずっと減ってしまった。北田が年上の若者にすすめられて灰買いの手伝いになったのはそんなときであった。

生まれたときから日陰者で、馬鹿にされどおしであった上に、学校へいくと先生に叱られてばかりいたから、ろくに学校へもいかず、やっとありついた仕事が灰買いで、それももういつやむかわからないような仕事であってみると、いよいよ肩身はせまく馬鹿にされ通しであったから、こんどは馬鹿にする者にくってかかることを覚えた。相手が女の子ならどこまでも追いかけていく。男と女があるいておればやじりとばす。子どもがうさん臭そうに見ればどなりつけたりおどしたりする。村では手におえない子どもとして取り扱われた。

北田が兄貴分にさそわれて竜神の遊廓へいったのは、十四歳の春であった。

遊廓へいくには金がいる。灰買いではそういう金はなかなかできない。そこで野荒らしをおぼえた。この地方はスイカをよくつくる。そこでスイカをぬすみにいく。昼間目星をつけておき、雨の夜をねらっていく。というのはたいてい見張番がいるからで、雨の夜はさすがにいない。エンドウ、キュウリ、トマトなど支柱をたてて育てる蔬菜類はぬすむのに便利で畑の中へはいっていてもわからない。村の中でそういうことをやればすぐわかるが、二里四方くらいの間を荒らすのであればなかなかわからない。二、三人で組んで一人が見張りをしつつ仕事をする。そしてそれを町の八百屋へもっていく。相手も持ってきた者を見て、それがぬすんだものであるとすぐわかるがだまって買う。しかし少し値が安い。

そうして女郎買いの費用をかせいだ。北田は女郎買いがたまらなくたのしかった。あたたかくやわらかい布団にねられるのもそこだけだった。女が親切に一人まえに取り扱ってくれるのもそこだけだった。家へもどって、十燭の電灯の下で荒壁に向かってすわっていると、どうにもやりきれなかった。暗黒のなかへ引きずりこんでゆかれるような気がするのである。だから夜になると、きまったようにとび出して近くの町をうろついた。が、金がなければ相手にしてくれる者はなかった。

灰買いは彼が十五になったときには、もうほとんどだめになっていた。そこでシデ紐工場へ手伝いにいくことにした。そのあたりでドンゴロスとよばれる南京米袋をといて、それを荷造紐に再生するのであるが、ドンゴロスをとくのはたいへんな仕事であった。すごいように埃がたつ。その埃のなかで仕事をする。一日やっていると、髪も顔もその埃で赤茶けて老人のようになる。それでも彼は若い女たちと馬鹿口がたたけるようになったのがうれしかった。すると竜神へいく回数がへったし、野荒らしをする無理もへってきた。いままでは索漠とした生活だけであった。彼を相手にしてくれるものは仕事仲間だけであった。それがとにかく、村の娘たちともまともな言葉がかわせるようになったのである。

だがいちばんやりきれなかったのは母親の所行であった。彼が色気づくころまでは、平気で男をいれていっしょに寝ていた。彼は外へ追いだされるよりは、まだ家のなかで寝る方がよかった。ところが彼が色気づくと、母親が男を引きいれているときは、入口の戸をしめて鍵をして彼をいれないのである。十五になった彼はそうしたあと母親と大げんかをする。が母親に勝ったことはなかった。

青年学校

十六歳になると、学校から先生がたずねてきた。青年学校へこなければいけないというのである。小学校へもろくにゆかなかった。高等科へはむろんゆかなかった。それを今さら青年学校へゆかなければならないなどということはたまらなかった。だが、所定の時間の軍事訓練をうけていないと、軍隊へいったときにたいへんなことになるという。軍隊ときいて彼はふるえあがった。

彼は村の近くの演習場へよく馬糞をひろいにいったことがある。そこは丘や谷があり、ところどころに松林もあって景色がよかったが、そこへ兵隊がきて演習した。歩兵の演習はおもしろくなかったが、砲兵や輜重兵、騎兵などがくると、たくさんの馬がくるので馬糞をおとしていく。それを籠にひろいあつめて農家へ持っていくと買ってくれたものである。そうして馬糞ひろいにいっているとき、兵隊が階級の上の者にぶんなぐられているのを見かけることがあった。どんなになぐられても直立不動であった。反抗もしなければ逃げもしなかった。ときには頰のあたりから血の垂れているようなこともあった。

北田は自分もああした目にあう日があるのかと思うと、青年学校へいっておいた方がよいと思った。しかし一人でいくのはいやであった。彼の村のなかには彼のような悪たれが二人いた。そこで二人のところへ様子をききにいってみると、彼らの家へも先生が出席するようにいってきたというのである。そこで三人で相談して出席することにした。青年学校は小学校の教室がつかわれた。学校は田んぼの中にあった。三人で懐手をして鳥打帽をあみだにかぶっていった。いってみると、まじめそうなのがもうやってきて教室ではなしていた。三人は下駄をはいたまま上がっていった。たれかが、

「下駄ぬげや」

というと、

「あほ、このチミタイ（冷たい）のに下駄ぬげるかや」

と北田がどなった。みながげらげら笑った。

始業式だというので校長以下先生がそろって出てきた。先生の一人が、

「帽子をとれ」

というと、

「とってくれ」

と三人のなかの一人がいった。またどっと笑った。

「まじめなのか」

先生がどなった。

「まじめやで、おまえらよりよっぽどまじめやで。ウラ（俺）おなごんとこ、あそびにいかんならんのに

きてやったんやで」

それでまた笑った。校長が、

「教室をみだす者は出ていけ」

というと、

「何やと、このいそがしいのに夜中まで引っぱり出しにきよったのん、どこのどいつや」

教室はもうめちゃめちゃだった。硬骨な先生が三人を外へ追いだすと、教室の外でわめきたてていたが、やっと帰った。そのあとでやっと始業式がおこなわれた。

この三人につられて、他の連中も先生をからかうようになった。三人組は教室へはいっても帽子をぬがなかったし、下駄もぬがなかった。それをとがめだてすると、かならずいたずらした。学校の玄関のまえの花壇のチューリップの花を一つのこらずちぎって、それをまたていねいに葉の上へそのままのせていたことがあった。宿直室へ大きな石をころがしこんだことがある。黒板いっぱいに猥画をかいていたこともある。硬骨な先生が授業中に私語してやまないから叱りつけると、三人は悪態をつきながら出ていった。そこで後を追いかけると、翌朝校門の標札がなくなっている。どこへいったのだろうとさがしていると、二、三日してから百姓が田の中にありましたといって持ってきた。

この三人組にはまったく手をやいた。ほかの生徒も、これにならうものが多かった。手のほどこしようもなくて二年あまりすぎた。彼らはもう十八歳だった。そのころになると、気にくわぬことがあれば教員室へも校長室へもやってきて、机の上へ腰をかけて先生のつるしあげをした。関西ではそれをタコをつるという。他の連中も面白半分についていく。

ある教師との対話

そうしたところへある若い先生が赴任してきた。彼は長いあいだ病気をして休んでいたのであるが、やっと元気を快復し、山手の方の学校で一年あまりつとめて、北田の村の学校へ転任してきたのである。彼がその学校へかわったとき、北田たち二人のことはそのあたり全般の評判になっていた。

「あそこへいって青年学校の先生引きうけたらえらい目にあうで」

とみな話しあっていた。彼が赴任すると、青年学校の先生は引きうけないようにせよと注意した先生があった。

彼が宿直の晩であった。青年学校の授業があって校長がきていたが、教室のなかは蜂の巣をつついたようにさわがしかった。しばらくすると校長は真赤になって教室から引きあげてきた。すると生徒がぞろぞろついてきて、その二、三人が校長の机の上へ腰をおろした。そして、

「ウラ(俺)も人間やで、もっとましな口ききや、どこが非国民や、ウラのどこが非国民や、ウラ学ないで、学のないもんにあんじょう学おしえるのが先生や、ウラみたい、頭のわるいもん、あんじょう言うてくれなわからへん。ききなおしたらさわぐなたあ何や、そのうえ非国民てなんや、なあみんなそうやろ」

校長はいいわけをしていたが、若い連中はきこうとしない。若い先生ははたでだまって机に腰をかけている男を見ていた。

「おい、なんでウラの顔じろじろ見るんや。なんど書いたるんか」

鉾さきは若い先生の方へ向いてきた。

「おい、この若いの、タコつったろか、生意気そうやで」

そういってこんどはぞろぞろ若い先生の方へきて、また机に腰をかけた。

「机は勉強するもんや、腰掛あるんやろ、腰掛へかけたらどうや。それからぼつぼつタコつれや。あんまりええタコかからんぞ……」

若い先生がそういうと皆どっと笑ったが、腰をかけていた青年がすっと立って、そばの椅子に腰をおろした。

「おまえ案外素直やな、あんまりミエ切らん方がええで、ミエ切らんでもえらいもんはえらいんや、おまえほんまにえらかったらわしかて頭さげる。どや一つ勝負しようか。けどな腕ずくは駄目やで、わし肺病やさかい、おまえ見たいなのにガーンと一ぱつやられたら、それきりや、赤いのをパーッとはいてな。口でいこうや。口ならまけんで、口からさき生まれたんやさかいな」

するとまた笑った。若い先生は、いきなりずばりといった。

「おまえ、おなごほしいんやろ、もう十日ばかり竜神へゆけへんな。それでがつがつしてるねんな。そんなことで校長先生にあたったらあかんがな。竜神いきたいんなら金やるで、じいっと気い静めてきてみいな」

彼の言葉で虚勢がくずれてきたようであった。何もいわずにだまってしまった。

「何や、けんかやめたんか、おもろないなあ」

そういって職員室の外にいた連中はぞろぞろ去っていった。彼をとりまいていた連中にも、

「わしこの男としばらく話したいで、みんなかえり」

というと、みな出ていった。腰かけにすわった男はでていく連中に何か声をかけたそうにしたが、声にな

らなかった。

「はよ、でてこいよう」

最後の男がそういって出ていった。腰掛にすわっているのは北田であった。校長もかえっていった。二人だけになると、若い先生は北田に茶をついでやった。そしてぽつりぽつり話しだした。

「君はほんとによい話し相手がほしかったんやろなあ。君の気持ちはたいていわかるよ」

若い先生は自分の過去や、教え子のなかで何人か自殺した子のあることなど話しつつ、若い日に大ぜいの仲間から忘れ去られようとする者の孤独について話した。貧しく育ち、また親のかけた子ども、不幸に育った子どもたちは見捨てられ、忘れられ、一人前に見られることがない。それを仲間に意識してもらうためには、ほめられることよりも嫌われることをしたくなる。そうするよりほかに自己をみんなの意識にのぼすことはできない。そのようにしながらもたえずさびしいのである。

若い先生の言葉は北田の心にしみたようであった。そして問われるままに語りだしたのが、これまでのべた彼の経歴であった。

強烈な性の洗礼

あまりに早く性行為を知ったこの地帯の少年たちは、本能と理性の調和がとれなくて、みな苦しんだ。若い先生はその学校へ転任するまえ、一人の少年を自殺させた経験をもっていた。彼がはじめて教えた子の一人であった。宮内といった。背の低いずんぐりした子であったが、おそろしくませていた。そして女の子にいたずらして困った。この子もまた母一人に育てられた子であった。父は早く死んだという。

この地方には父親のない子がじつに多かった。父が早く死んだというのもあり、父と母が生き別れになったというのもある。また父のわからぬ子もあった。それらは単に女のふしだらでそうなったとはいえなかった。女は女一人で生きていくすべを知っているものが多く、村の最下層に属する女たちは、男たちにいいよられるとそのまま身をまかせもするが、男に甲斐性がなければさっさと別れもした。

男たちの中にはいたってぐうたらべえが多かった。仕事ぎらいでばくち好き、それもけちなばくちしか打てないような男であるが、子どものときから女をかまうすべだけはおぼえていて、半ばは女に養ってもらいつつ、のらりくらりしているのである。宮内の母もしっかりした女だったが、父ははじめから病弱であったのを、好きでいっしょになり、宮内が生まれてまもなく死んだという。それから織屋につとめながら宮内を育てた。

若い教師は、夕方よく道で宮内の母にあうことがあった。工場からのかえりであった。三十すぎの美しくおとなしい人であった。

「子どもがお世話になっていて……」

といっては何かと言葉をかわしていった。その母の子にしては宮内はませすぎていた。その宮内がある日若い教師に、

「先生、ウラ知ってんのや、あのな、うちのおかん（お母さん）がよそのおじはんとするんや」

彼はあのおとなしい母を子どもが侮辱しているように思えて、大きな声で、

「馬鹿ッ」

とどなりつけた。宮内はあっけにとられてきょとんとしていたが、

「親の悪口いう奴があるものか、帰れ」

とまたどなられると、急にワッと泣きだして一目散に走ってかえっていった。その姿を見送って彼はすっかり後悔した。宮内のいいたいことをきいてやるべきだったと思った。明日は宮内にあやまろうと思って、その夜は宮内のことで頭がいっぱいだったが、それにしても、あの母がどうしてそんなことをするのかと、何かよごれているように思えてきて、美しいイメージの一つが消えたような気がした。あくる日学校へいくと、宮内はケロリとしていた。だがそれから後、道であう宮内の母には相手がちっとも変っていないにもかかわらず、こだわるものがあった。

それからまもなく、女の子が、宮内がいやらしい話をして困るといってきた。宮内をよんできいてみると、はじめはにやにやしていたが、話しだしたのは他所の男と母親との夜のいとなみの話であった。若い教師にはそういう経験もなかったし、何といっていいかわからなかったが、結局、相手の男のくる日には彼の家へ宮内を泊りにこさせるようにした。

岸和田の丁稚

宮内は小学校をでると、岸和田の糸屋へ奉公にいった。その頃は宮内もずっとおちついて、ませたこともあまりいわなくなっていた。若い教師はそれからまもなく病気で郷里へかえって静養するようになった。宮内はときおり手紙をよこした。まじめに勤めていること、しかし朝晩の拭き掃除の辛さなど訴え、勉強がしたいといってきた。夜ふけに押入れの中にはいって勉強しているという手紙をよんだときは、彼も涙をおとした。あのおませでいたずら好きの男が、こんなにもまじめになれるものであろうかとさえ思った。

彼が病後もう一度つとめるようになって、岸和田へ近い村へ赴任すると、まず訪ねてきてくれたのは宮内であった。鳥打帽をかぶり、縞の袂つきの着物に角帯をしめ、前垂れをしていた。すっかり商人口調になっていた。そして彼の顔をまじまじと見つつ、

「先生ほんまに元気になりはりましてんか」

といってぽろぽろ涙をおとしはじめた。

「もう先生に二度とあえへん思うてましてん」

元気になった先生にあえたことがよほどうれしかったらしい。

丁稚になってからの宮内は、ほんとにまじめに働いたらしい。主人にも気にいられているという。ただ勉強がしたい、ただそれだけだというのである。丁稚をしていると誘惑が多い。隣近所の店の丁稚と知りあいになって、いろいろの悪いことも教えられる。番頭になった者は金をごまかすことも上手になって貝塚の遊郭へはたえず出入りし、腕のあるものは芸者遊びもしている。まじめにやったところで、のれんを分けて店をもたしてもらうものはほとんどない。むしろ主人の方は、丁稚や番頭のしくじるのを見て見ないふりをしている。少々の芸者遊びをしてもだまっている。そのうち、どかんとやっつけて、店を持たせるどころではなく、お払い箱にしてしまうのが多いという。だからいよいよまじめに勤められなくなる。そういう話ばかりしあうという。さいわい宮内の主人はよい人で、とにかくまじめに勤めさえすれば小さい糸屋の店を出させてやろうという。嫁の世話もするから女郎買いも芸者遊びもしないようにと心からいってくれるのだそうである。それにしても、宮内はせめて夜学でもいって工業の勉強をし、工場の技師になりたいのである。彼と同級でお金のある家の子はたいてい佐野という町の職工学校へいった。そうい

う友だちがうらやましい。

若い教師は、宮内をなんとか夜学へでも通わせるようにしてやりたいと思ったが、さしあたってどうすることもできなかった。

小さな自殺

それから半年あまりたって、宮内がまたたずねてきた。はじめは入口のところで話していたのが、家のまえの松の木の下にうずくまって思いなやむように話す。母親といっしょに住むようになったのだという。店の主人もそれをゆるした。そのまえ、田舎にいた母親が岸和田へ出てきて他所の家を間借りした。宮内はそこへ引きうつった。店の方をまじめに勤めるので、丁稚ではあるが番頭格にしてもらって通《かよい》になった。そのことは大へん有難いし、また母といっしょに住めるようになったのはとてもうれしいが、ときどき男がたずねてきて泊っていくという。その男はまえの男ではない。母はこのごろ勤めも何もしていない、白粉をつけたり、よい着物を着たりして男をまっている。そういう母親がきたならしくてきらいでたまらないというのである。宮内は子どもの頃とはすっかり変ってしまっている。

「女は一人ではなかなか生きていけないものだ。だれかによりかからなくては、お母さんのような気の弱いやさしい人は心のささえになる人がどうしても必要なのだろう。いまの君はいやだろうけれど、そのうちわかると思う。お母さんをせめてはいけないよ。困ったときにはいつでもやってきて話していけばいい」

若い教師はそういってなぐさめた。三、四年まえに同じ子をどなりつけたときにくらべて、すこしは世の中もわかってきたつもりでいた。宮内はだまってこっくりこっくりうなずいていた。しかし地面には涙のしみこんだ土がこの子の苦悶を訴えていた。

「先生、糸もらってくれるけ」

思い出したように風呂敷包みのなかから、赤青黄などの美しいくけ糸をとりだして、宮内は渡そうとした。

「売物だろう。やっぱりしまっておく方がいいよ。君の気持ちだけはうれしくもらっておくよ。君があまり小さい時から大人の世界にふれすぎたのが大きな不幸だったのだ。そのくせいつまでも子ども扱いにされてね。しかし元気をだすんだよ」

宮内は糸を風呂敷のなかへしまって、眼をこすった。帰っていく後姿を見て、「この子は自殺するのではないかな」とふと思った。大きい声で「宮内」とよぶともうかなり遠ざかっていた宮内がふりかえってにっこり笑って、ぴょこんと頭をさげた。人なつっこい顔であった。

宮内はそれから一週間ほどして睡眠薬をのんで自殺した。書置も何もなかった。

一方、北田のその後もあわれであった。春がきてレンゲの花のさくころであった。子どもといっしょに野へでて蝶を追っていた北田が、野井戸へおちて死んだ。しかし、いっしょにいた子どもにくわしくきいてみると、

「おまえら、ちょっと待っててや」

といっていきなり下駄をぬいで井戸のなかへとびこんだのだという。覚悟のうえのことであったようだ。

未熟な者が早く大人の世界の、それも男女の性生活を知るということは、生命の強靭な者ならともかく、前途に何の明るさも持てない若者たちでは、みずからを処するすべを見失うことになって、そのあげく生

命を絶つ者がこの野にはきわめて多かった。

〔註〕「青年学校」……病の癒えた宮本先生は師範学校時代の恩師の勧めをうけて昭和七年三月初めに上阪し、三月七日から泉北郡北池田尋常高等小学校に代用教員として赴任している。北池田校では、尋常科一年を担当することになるが、四月二十九日から校長に請われて併設の青年訓練所で農業を受持ち教えている。本文では青年学校としているが、正確には青年学校ではなく、青年訓練所での体験をもとにしたものだと思われる。青年学校は昭和十年公布、施行された青年学校令に基づくもので、それ以前からあり、対象も教育内容も重なる部分が多くなっていた実業補習学校と青年訓練所を統合したものである。青年訓練所は大正十五年（一九二六）に十六才以上の勤労青年男子対象の修業年限四年の教育機関として創設されたもので、小学校に併設される場合が多く、夜学であった。修身公民科、普通学科、職業科、教練科を教え、青訓と略称されていた。実業補習学校は明治二十六年十一月制定の「実業補習学校規程」に基づいて設立され、勤労青年対象に農業、商工業、その他の職業教育を行うのが目的であった。

貧しき秀才たち

ある三人の兄弟

貧しい農村の秀才たちにすれば、田舎そだちの若々しくたくましい肉体ばかりが野心をもやす油だった。小さな眼鏡のような彼らの好学心こそ成功者の世界をのぞむ手がかりであった。そして彼らの向学心は、はげしい出世欲と見きわめがつかなかった。こうした彼らはつぎつぎに勉学の機会をもとめて都会にでていった。

彼らは貧家の出であるから家からの送金はなかった。家出してきたものも多かった。出てゆくさきの大半は東京であった。そこには就学をささえるための何らかの職が見つけやすかった。新聞配達、給仕、玄関番、書生、車ひき、中小工場の職工などをしながら夜学にかようのである。

当時苦学生の生活がどういうものであったか。一人の苦学生の回顧をかかげてみよう。

彼は山口県の貧しい農家の三男に生まれた。父は大工、母はわずかばかりの畑をつくっていた。兄弟は五人であった。長兄は勉強好きだったから、なんとかして学校へいきたいと思ったが、尋常四年をおえると鍛冶屋へ奉公にやられた。彼はそこで二十になるまで弟子として働き、年期あけのとき、徴兵検査に甲種合格して山口の連隊へ入営した。

次兄もできがよかった。この方はどうやら高等科までやってもらい、それからは中学講義録をとって勉強した。村の次三男は小学校を出ると、たいていは大工の弟子になって村を出ていくのであったが、このおとなしい息子が大工のはなしになると頑としてきかなかった。彼は独学で十七の年に准訓導の資格をとった。しかし、次兄の教員生活は長くつづかなかった。やがて徴兵検査がやってくる。次兄は心底から兵隊がきらいだった。兵役をのがれるには外国へいって徴兵延期の願いをだすのが一番よいと考え、一つには外国へゆけばもうすこしましな生活もうちたてられるだろうと思ってハワイへわたった。

長兄はそのころ軍隊にいた。

日露戦争がおこると満洲の第一線へだされた。南山の激戦を手はじめに、得利寺《トクリジ》、熊岳城《ユウガクジョウ》、蓋平《ガイペイ》、大《タイ》石橋《セキキョウ》、遼陽《リョウヨウ》と敵を追うて北へ北へと進んだ。

三十八年は沙河《サカ》の付近で迎えた。そして奉天から南下する強力なロシア軍と黒溝台《コッコウダイ》で正面衝突したとき戦死した。長兄はその朝戦友にしきりに故郷のことを気づかって、

「どうも今日は戦死するような気がする。……困るなあ。つぎの弟はハワイにいるし、そのつぎの弟はまだ小学校だし、ほんとに困るなあ。親父やおふくろも困るだろうなあ」

と、はなしていたという。長兄の心配したとおりであった。次兄からの送金は少なかった。のこる二人の子どもはまだ小学校にいた。そのうえ父親の働きもにぶくなっていた。

三番目の弟は病弱であった。

彼は大工になりたくなかった。次兄のように小学校の先生になるのも気がすすまなかった。いっそ長兄の戦死した満洲へいってみようかと思って、ハワイの兄に手紙をだすと、それよりは大工になった方がよかろう。早く金もうけするのが一番だと言ってきた。次兄には家のまずしさが痛いほどわかっていた。ハワイへきても家へははした金しか送れないことを恥じていた。彼はハワイの兄の言葉にもしたがえず、「国民中学講義録」を買って読みはじめた。読んだからとて何になるというあてもなかった。ただそれを読んで鬱々たる心をまぎらわせている趣があった。

母は農業のかたわら、豆腐屋をはじめていた。

一日に二箱か三箱しかつくれない。一箱で十二個の豆腐だから二箱でも二十四個しかない。一個二銭で売っても二箱で四十八銭の収入であり、大豆代その他を差引くともうけは何ほどものこらないが、いくぶんの生活のたしにはなる。暗いうちにおきるとすぐ火をたきつける。それから大豆を石臼でひいてどろどろにする。それを煮て、袋にいれてしぼって粕をとり、苦汁をいれてかためる。箱のなかに布をしいて固まりかけたものをいれ、重しをのせて水分をぬいて、固形にするのであるが、二箱もつくると、たいてい夜があけた。

彼は豆腐製造の手伝いをしながら講義録をよんだ。

そしてどうしても東京へ出てみたいと思うようになったが、苦学がどんなにむずかしいものかを雑誌でよんで知っていたのでなかなか踏みきれなかった。十七歳の夏、盆の休みに近くの町の医者のところへみてもらいにいくと、からだはたいしてわるくないといわれて、彼は急に元気になった。

九月になったら新しい学期もはじまる、それまでに東京へ出たいと矢もたてもたまらなくなって、ひそかに母にいって許可をえた。父には内密である。家出というのはかならずしも家族全部に内密なのではない。ひそかに自分の理解者だけには打ち明けてあることが多かった。彼は母から東京までの旅費をもらい、風呂敷包み一つで家を出た。

父親はこうして、三人の子を手もとから失った。

苦学生の道

彼が親からもらったのは東京までの汽車賃だけだった。六里の道をあるいて田舎駅へ出、それからいやになるほど長い汽車旅ののちに東京へついたが、そこにたよってゆける家があるはずもなかった。わずかばかりのしるべである神田の家をたよっていくと、芝区のある新聞店へいってみたらと教えてくれた。

道すじをたずねたずね、彼は芝まであるいた。そのころの宮城前は広々とした原であった。原の向こうに日比谷公園があり、右手の濠の向こうの石垣のうえに宮城の森が黒く、そのうえに黄昏の空があった。彼はその原をよこぎって日比谷公園の入口にたどりついたとき、いいようもない孤独な思いにつきおとされて、しばらく道ばたの石に腰をおろして長い間うつむいていた。目ざす芝西応寺町についたときは夜になっていた。彼は朝から飯を食べていなかったが、その日はついに夕飯にもありつけなかった。

仕事は翌日の早朝からはじまった。

古参の配達人につれられた彼は、三田台町から伊皿子の方まで、門構えの多い広い地域をまわり、新聞配達の仕方をならった。その翌朝から、それらの家々に一人で新聞をくばらねばならなかった。もうだれにもたよることはできなかった。また芝公園にある私立中学が、三年生の二学期への編入者を募集していると聞き、彼はそこの試験をうけて合格した。

彼の周囲には彼とおなじように田舎から出てきた若者が無数にいた。そしてそのほとんどが家出であった。それはなんらかの地位をうるまでは故郷へかえれない人々であった。彼らは盆がきても正月がきても家へかえらない。病気になっても帰郷しない。そして多くの野心をひめた青年たちがあいついで死んでいった。また新聞店などにいる年輩の配達夫は、たいてい競争の途中で敗北し、のぞみをすてた人々であった。彼らは酒をのみ女郎を買うばかりでなく、そんな自堕落な生活に若い者をひきずりこもうとした。彼もまたそういう誘惑をたえずうけた。

そこで新聞配達の途中で知りあった寺の和尚にたのんで本堂を借り、そのかたすみを幕でしきって自炊の生活をはじめた。

麦飯と豆腐のからと味噌と漬物、それだけあれば何とか飢えをしのぐことができた。臨時の出費にせまられたときは、どこにもたよるところがないので故里の母に訴えるしかなかった。父は長男が戦死してから気がぬけたようになっていた。母が女の細腕で夫と子をやしない、そのうえ東京にいる子に送金することは容易ではなかった。息子がいってくる金額は五円ぐらいであったが、それをつくるには三十箱以上の豆腐を余分につくらなければならない。

それらの大豆はあらかじめ引き割って、水につけてやわらかにしておかねばならぬ。夕方それをしておいて、早朝仕事にかかるには女一人の仕事として、夜もおちおちと眠ることはできなかった。だからそういう多忙なことのつづくときは寝過ごさないために寝床のなかへ入って休むこともできなかった。着のみ着のままで部屋の隅にキチンとすわって手をくみ、うつむいたまま眠るのである。こうすれば少々寒くても風邪をひくことはすくなかった。

さて余分につくった豆腐を売りさばくためには隣の部落へまで出ていかなければならぬ。それも他人の縄張を荒らしてはならないから、隣部落の豆腐屋が売りあるいた後からゆかねばならぬ。そうした労苦がたまって母親は眼をわるくしていった。しかし息子の方でも根かぎり働いているのであった。新聞をさしいれつつ門によりかかって眠ってしまい、その家の女中が門をあけたとき、中へころげこんだこともあった。他家の門口にたおれてねているのを豆腐屋におこされたこともあった。

こうして二年半がすぎた。

無理がたたったのか、彼はときおりはげしい腹痛になやむようになった。なんとなく体力の衰えを感じる。彼はもっと有利な仕事をさがしてみたが、口下手で、人にとりいることのできない青年にむく仕事はなかった。家庭教師や書生にも間にあわなかった。結局、中学校をでてもっと勉強しようと思ったら、官費の学校をえらぶしかない。官費といえば陸軍士官学校か、海軍兵学校である。しかし彼には軍隊にすすむことには何かこだわりがあった。

長兄は家のことを気にしながら戦死し、次兄は兵役をきらってハワイへ出た。父母も長兄の戦死以来急にふけこんだ。彼じしんも軍国主義の夢に熱狂できる性質ではなかった。といって、反軍というほどのはっきりした見解をもっているわけではなかったが、自分が軍人になれば、田舎の老父母の心に暗い影をおとすことを考えて、彼は憂鬱になった。だが、中学卒業の日が近づき、つぎの進路を決定しなければならぬようになったとき、彼は思いきって海軍兵学校に受験した。それは当時もっとも競争率のはげしい学校であったが、彼はみごとに合格した。

こうして貧しい農家に生まれた、まじめで学問好きな才能、どちらかといえば殺伐なことをきらっていたひとりの青年から、ひとりの「天皇の御盾」「国家の干城」が誕生したのである。軍人の道をすすんだ彼は、その持前のまじめさ、おとなしさのために思いなやむこともあった。だが、そのまじめさ、おとなしさ、学問好きによって、しだいに有能な将校へと形成されていった。

逓信講習所

官費学校の生徒

古い村の世界から新しい都市の社会へ、そこへでてゆけば、あらゆる仕事がころがっているように若いものは思いこんでいた。ひとりの先輩が苦労して都会で小さな世界をきりひらくと、多くの村人がそれをたよって集まった。何かにつけてその人が目標になり標準になった。

外に出ていった青年たちの職業は大きくわけると四つになる。

その一つは農閑期を利用して出てきてはたらく土方、人夫、手伝いなどの肉体労働を主とするもの、その二は大工、左官、石工など技術をともなうものや運輸関係の労働など、そこで年間働いて盆、正月には郷里へもかえれるやや時間的に自由のあるものである。出稼ぎを主とする人々のえらんだ仕事の多くは以上のようなものであったが、この仲間はその初めは都会定住を目的としているものは少なかった。

もう一つ第三のグループは、職工になったり、商店の小僧になったり、官公庁会社につとめたりするもので、年中拘束されて勤務し、そこに定住を余儀なくせられるものである。このほかに女たちの出稼ぎもある。貧しい人々の離村はだいたい以上のような方法でなされたのであるが、第四形式としては金を持つ者の子弟の場合で、上級学校への通学、ひいては社会上層部への就職という方法での離村であった。これらはそのまま有利な条件のもとにおかれていた。が、これを除いた第三のグループ、すなわち新しく都会に定住するものは、その定住をより有利に位置づけるために、青春をかけなければならなかった。

村には貧しさの中にいる秀才が少なくなかった。小学校では成績もよく温順で、勉強する機会さえあれば相当の地位につけるであろうというような少年があった。学校の先生たちは、そうした子どもを何とかして勉強させたいと思った。そして金がかからないで勉強できる施設をあれこれとさがした。戦前にはそうした官費の教育機関がいくつかあった。陸軍幼年学校、陸軍士官学校、海軍兵学校、鉄道教習所、逓信講習所……。このうち陸士と海兵にすすむには中学へはいらねばならなかったが、あとのものは小学校を卒業すれば試験をうけることができ、官費で勉強することができる。そのかわり卒業後も義務的にその職にしばられてつとめなければならぬが、それは就職が保証されているということでもあった。

陸士や海兵にはいるには中学をすまさねばならなかったが、貧しい農村には、その中学へゆく学資もない、好学心にもえた少年たちがいた。鉄道教習所や逓信講習所をでたものは、さらに勉強したければ同一系統の上級学校へも進めるし、別の方向にすすむ場合でもただ小学校をでただけよりは有利だった。そこに集まるのは村々の貧しい秀才たちであった。

島からきた少年

大正十二年の四月であった。瀬戸内海の島から大阪へ出てきた少年が、逓信講習所の試験をうけた。小学校を卒業するとき、周囲から陸軍幼年学校へいっては、とすすめられたが、少年は軍人になりたくなかった。何となく職工になってみたいと思って、職工をしている叔父をたよって大阪へ出てきたが、小さい町工場ならともかく、大きな工場に働き口は少なかった。玄関番の口もさがしてみたが、たずねていった弁護士が、

「食うものもおちおちと食えず、頭をさげ通しにしていなければならないから人間が卑屈になりやすい、よほどの決心がないと、逆に人間を台なしにしてしまうものだ。十人のうち八人まではだめになる。それをのりこえるだけの自信があれば……」

というのに恐れをなして引きさがった。
何になりたいと思って出てきたのではない。

「田舎で百姓してみても借銭と組みうちをするだけで、そういう生活はもう自分一代でたくさんだ。何にも勉強させてはやれぬが、せめておまえは自由に自分のやってみたいことをやるがよい」

と親にいわれて故里を出てきたのである。彼は仕方なく逓信講習所を受験した。学校は桜宮というところにあった。淀川の堤防にそって、周囲は芦原になっており、芦原の東が新開地になって家ができていた。その向こうに大阪高等工業や大阪貿易学校ができたために開けだしたところである。

学校は古い二階建てで、もとは何かの工場であったらしく、お粗末なものであった。そこへ何百人というほど集まってきた。みな田舎のポット出で、絣の着物を着、小倉の袴をはいて、ひどく律儀に見えた。島の少年はおそれをなした。試験があって二十日近くたっても通知がないので、学校へいってみると、親切な先生がしらべてくれて、

「合格している。しかもすばらしい成績だ。なぜ君はこういう学校へはいるのだ。こういう成績ならば、中学校─高校─大学と正規な勉強をしなさい。君の郷里に中学はないのか、たれか金を出してくれる人はないのか。君がここへくることはまちがっている。私はここにいてあまりに多くの悲劇を見すぎている。僕は君がこういうところへくることを希望しない。それではここへくる人は……といえば、自分の家が郵便局だったり、自分の郷里の近くへ勤務するような人がはいるのがよい。遠くからやってきて、しかも郵便局員で生涯を通そうとしない者のくるところではない。君はおそらく郵便局員で生涯すごす気はないだろう」

高等科卒業直前、中段左が常一。大正 11 (1922) 年 2 月、14 歳

大阪逓信講習所

逓信講習所に入って間もなく、初めて洋服を着て写真を撮った
大正12（1923）年6月、15歳

といった。若いいかにも正義感にみちた人であった。

「よく考えてみたまえ、一生を決することになるのだから」

といって玄関へ送りだしてくれた。しかし少年にはほかにゆくところがなかった。

まもなく合格の通知がきて、おそるおそる学校へいってみると、どうしたことかその先生の顔は見えなかった。島の少年はホッとした。試験の日には学校の周囲をうずめた人々も入学の日には百五十人だけになっていた。それらが五組にわかれ、その一組が女子であった。それぞれ担任の先生がきまった。少年の担任になったのは若い丸顔の丸刈の、笑うと目尻がカギになる、人のよさそうな、しかしキリッとした人であった。少年はまもなくこの人が丹後峯山の出身で、たいへんな俊才であり、また立志伝中の人であることを知った、貧家に生まれて小学校をでると、大阪逓信講習所にはいり、卒業後は郷里に近い小さな郵便局につとめて苦労し、局員たちがあこがれのまとにしている東京の逓信官吏練習所に入学し、卒業してから一年志願をし、陸軍少尉になり、退役後逓信講習所教官となり、高等文官試験の受験をねらって勉強中であった。たれがどこで聞いてくるのか、そういう噂をきいて、ひそかに畏敬するようになった。

むずかしい技術

その先生に担任せられた三十人ほどの生徒はいずれも田舎者ばかりで、あい似たまずしい農家の出身であった。そこにすぐ通じあうものがあって、わずかの間にたがいの身の上をくわしく知るようになった。いずれも重い荷を背負っていた。卒業すれば一家の家計をささえなければならぬもの、両親のないもの、片親のないものなどいろいろであった。がいずれも小学校時代には秀才で、先生たちから、ここへくれば金がなくても勉強できるからとすすめられてきたものが多かった。それにしてもこの秀才たちには、才気ばしったものは一人もいなかった。みな気が弱く、愚直であった。そういう少年たちが寄宿舎にはいって共同生活をしながらよく勉強した。

島の少年は学課はよくできたが、技術がだめであった。

技術といえば電信符号をきいて文字になおし、また文字を符号にして電鍵をたたくことである。聞きわけることがまずいうえに電鍵がうまくたたけなかった。テストはたえずあり、一字まちがえると十点ひかれた。十字以上まちがえるとマイナスになる。マイナス百点をこえるようなこともある。同僚たちは心配して電鍵をたたいて音をきかせてくれたり、たたき方を教えてくれたりしたが、彼はどうも技術は得手でなかった。彼一人がそうであるのかと思ったら、そういう仲間が四、五人もいた。それでも彼はときには黒字をとるようになったが、二人だけはどうしても赤字からぬけだせないものがいた。一人は岡山の山中、一人は奈良県吉野の山中からきていた。小学校ではともに一番であったという。学課はよくできたが技術がだめではどうすることもできない。二人ほとうとう退学させられることになった。それが先生から通告されたとき、彼らは寄宿舎の部屋の隅で泣きじゃくっていた。

「自殺するかも知れないから……」

と級長は副級長をしている島の少年と二人で、担任の先生のところへいって退学をとりけしてもらうようたのんだ。担任の先生は、

「毎年そういう少年が四、五人はでる」

と悲しそうに言った。

「入学試験のとき、音をきいて判断させたり、指先の動きをためしてみたりするが、それでもどうしても不適なものが十人近くはいってくる。そういう人は郵便局員には不向きなのだから、むしろ早くあきらめて、別の方向に向かうことが本人のためにもなる。技術ができないからといって、失望してはいけない。何とか力づけてやりたいと思って二人にもいろいろはなしたし、もしものことがあってはと思って、親にしらせて連れにきてもらおうと思ったが、二人とも家がまずしくて、大阪まで迎えにくる汽車賃にも困るふうなのだ」

寄宿舎の生徒たちは、せめて二人が郷里へかえる旅費のたしにもと餞別をあつめ、翌朝近くの駅へみんなで送っていった。二人の少年は汽車の窓でまた声をあげて泣いた。こうしてまず二人が脱落していったのである。

脱落しそうなものはそのほかにもいた。

島の少年もその一人であった。脱落した二人よりはややよかったが、いつ退学を命ぜられるかわからぬところにいた。どのように努力し練習してみても技術の上達する見込みはないようであった。そして神経衰弱になり憂鬱になっていった。彼は副級長をしていたが、それは入学のときの成績によったもので、技術では最低にあるものが、そういう地位にあることも彼をくるしめた。彼の行動の中にときどき常識はずれなことがあるようになった。

寄宿舎の近くを城東線が通っていた。

ある朝まだ暗いうちにおきて彼は汽車の線路の方へいった。その二、三日まえの夜半、若い女が線路へとびこんで自殺した。汽車がけたたましく汽笛をならしてとまったのでみな眼をさまして見にいったらしかったが、寄宿舎では夜間は外出禁止だったので、くわしいことは知らなかった。線路は淀川の鉄橋へかかるために土手になった上を通っており、その土手へあがるために細い道があった。道をあがったところでよく自殺者があった。彼もその細道をあがっていった。そして線路をじっと見つめていた。冷たく光っているレールが彼を吸いよせるようであった。枕木にはまだ血痕もうすく見られた。レールにかすかなうなりが聞こえてきた。汽車が近づいてくるようであった。彼はレールの上へあがっていった。汽車がカーブをまがってすごい勢いで突進してきた。と突然、後から抱きついて彼を引きずりおろしたものがあった。汽車がけたたましく汽笛をならして過ぎていった。機関車から憎悪にみちた、

「バカヤロー」

という声がきこえた。気がつくと級長が彼の腕をしっかりともっていた。彼はどうしてそこへゆく気になったか、自分でもわからなかった。

その夜彼は担任の教官の家へよばれて級長といっしょにいった。教官はそのすぎ去った日のことを話してくれ、

「どんなときにも失望してはいけない、自分も力になるから」

といってくれた。彼は畳の上へぽとぽと涙をおとした。そしてそういう自分がどこか遠い世界にいるような気がした。

卒業して勤務先へ

それからまもなく、夜眠っている間にモールス符号のキーの音をきいていると、自然に符号をおぼえ

るようになるという記事がアメリカの雑誌にのっていたとかいうので、技術の先生たちが毎晩寄宿舎へきて、生徒の就床後一時ごろまでキーをたたくことになった。静かな夜の廊下にその音がなりつづけた。耳について困るという者もあったが、いつかなれてきた。その効果があったのか、みな少しずつ技術があがり、彼もようやく卒業までこぎつけた。卒業にあたってみなよい局への勤務をのぞんだ。よい局といえば、神戸三宮郵便局が筆頭であった。そこでは外国電報を取り扱うことが多く英語に親しむ機会もあり、欧文タイプもならえる。英語ができれば無電技師の試験もらくにうけられ、外国航路の船にものれる。しかし三宮局へはいれるものはほんの少数で、技術も上手でなければならぬ。級長は三宮へ配属になった。つぎは大阪中央電信局、神戸中央郵便局、京都中央郵便局などである。彼は技術がそれほどすぐれていなかったが担任教官のはからいで大阪市内の比較的閑散な二等局へやられた。中には大阪にとどまりたかったものので、田舎の三等局へまわされたものも少なくなかった。そして若い仲間は四方へ散っていったのである。

わかれるとき、これほど仲よくしてきたのだからみんなこのグループの結束をかたくして助けあおう。それは手紙のやりとりや、電線を通じてたえず話しあいもしよう。またお互いに行き来もしようと約束し、同攻会というのをつくって、謄写版で雑誌をだすこともきめた。

病苦とのたたかい

郵便局、とくに電信係は勤務時間が一定しなかった。朝八時から四時まで、十時から六時まで、正午から八時まで、午後二時から十時まで、午後四時から翌朝八時までというようになっており、宿直したあとは宿明といって午前八時からさきは解放された。そのかわり、日曜休みはなかった。宿明の日や、午後四時にでる日には家にいて勉強することはできたが、夜学などへはかよえなかった。したがって独学で勉強して、中学卒業の検定試験でもとって上級学校へゆくよりほかに方法がなかった。だからみな講義録などとって勉強していた。

田舎の三等局へまわされたものの多くはいっそう悲惨であった。

講習所をでればどこでも日給一円もらえるはずであったのに、一日に七十銭しかくれない局もあった。京都府宇治の局へつとめた男がまず悲鳴をあげてきた。局へとまりこみで、日給七十銭。一カ月十円を食費にとられる。一日局の勤務をし、子どもの守りから風呂たきもし、洗濯、拭き掃除までさせられる。夜もおちおちとねむれない。夜半電報がくると、それをうけて配達しなければならない。一里も二里もあるところへ配達にいかなければならない。もどってくると夜があける。やめたくてもやめられない。やめるためには講習所で支給された費用をはらわねばならない。級長はその手紙をよんですぐ宇治へとんでいったが、十七歳の子どもでは局長に交渉することもできねばどうすることもできない。なぐさめて帰ってき、その手紙を同攻会員にまわして読んでもらうことにし、みんなでできるだけ励ましてやることにした。

和歌山県の瀬戸鉛山へいった男も、徳島県橋へいった男も同様の苦しみを訴えてきていた。丹後の山中へいった男は、逓送夫が百姓仕事でいそがしいときは、かわって逓送もしなければならないといってきた。逓送というのはAの局からBの局へと郵便物の継立をするのであって、背負ったり、になったりして持っていくのである。

「同攻会報」にはそういう手紙がたくさんのせられた。世の中がまだ幼いといっていい少年たちの上にどんなに重くのしかかってきているか、それは一人一人がはげましあうことはできても、それではどうしようもなかった。とにかくみんなが一生けんめいに勉強して、逓信講習所の高等科へいくか、逓信官吏練習所へいくか、無線電信講習所へいくか、または独学で中学卒業の検定試験をとって、三カ年の義務勤務をはたして上級学校へいくかしなければ破滅してしまいそうだというような声が多かった。ただ自分の家から通勤している連中は比較的安定しており、そういう連中はしだいにグループからはなれ通信もと絶えがちになっていった。

そうして一年がすぎた。

そのあいだに宇治へいった男は局長とケンカをして一度はとびだしたが義務年限があるためにまたもどってき、それからまもなく郵便局の金をつかいこんだという理由で警察へひかれていった。仲間のものは彼の脱落をどうすることもできなかった。ついで中央電信へいっていた一人が血をはいた。生まれは山口県大津郡であった。彼はやめることも休むこともできなかった。担任だった教官は彼のためにいろいろ奔走し、郷里の郵便局に口があるというので、そこへ転勤ということにして郷里へかえした。彼は病気のままその局につとめ、病気が重くなってそれから二年ほどして死んだ。

ついで京都の局へいっていた男が血をはいた。

山口県の山中の生まれであった。まるい顔をして色の白い美少年であり、温厚でしかし茶目気があった。みんなから俊才として尊敬されていた。彼が病気になったことが知れると、みな暗然となった。彼は官吏練習所へいくのが希望で、仲間は彼が最初に官吏練習所へはいるであろうと思っていた。いわば代表選手のように仲間から期待されていたのである。彼は一カ年の休職にしてもらって郷里へかえった。まずしい家だときいたが、どうしてこれからを生きぬくだろうとみな案じた。彼はそれから故里で長いあいだ療養したが、どうしても十分に恢復せず、やむなく郷里の郵便局へ勤務することになり、そこで女の局員を愛するようになったが、病弱と貧しさから女の親たちに反対され、女と心中してしまったのである。

脚気になって衝心で死んだ男もいた。

足がはれ、顔がはれて、電車の乗り降りにも苦しんでいたが、その男は休まなかった。夏は暑中見舞いの手紙やはがきが押しよせて郵便局は目のまわるように忙しくなる。年賀状のときは学生のアルバイトをいれるが、夏の場合は局内でやりくりする。そして電信係も狩りだされる。そして三日も四日も泊まりこみになるようなこともある。そういう時に休むのは同僚にすまなかった。それで、少しひまになったら休むからといって無理をしていた。が、ひまになるまでもたなかった。

脚気になっているのはその男だけではなかった。たいていの者が、足をはらせているか、しびれさせていた。島からきた少年もひどい脚気で苦しんでいた。彼のつとめている局の隣接地区の二等局につとめている同級の男が、電話をかけてきた。その男は丹波の大江山の麓からきていた。色の白い下ぶくれのしたおとなしい男であったが、脚気でどうも困っているが、よい療法はなかろうかというのである。島からきた男も脚気であったから二人はそのことについて長いあいだ話しあったが、二人とも下宿していて食事がかたよるから脚気になったのだろうから、間借りしてパンなど食べてなおそうではないかということになった。脚気は白米を食べるからかかるもので、パンを食べればなおると簡単に信じていた。そこで、二人は相談して町なかの家の屋根裏のような二階を借りた。自炊をするつもりであったが、その家の人がゆるさないので、弁当屋から弁当をとって食べたり、パンを食べたりすることにした。しかし、そんなことで脚気はなおらなかった。丹波からきた少年はとうとう郷里へかえっていった。郷里へかえるとすぐよくなってきた。そして二十日ほどすると元気な顔をしてやってきた。そこで島からきた方が郷里へかえった。やはり十日あまりではれが一通りひいた。彼らは脚気になっても医者に見せるでもなく薬を買うこともなかった。医者にかかったり、薬を買ったりする金がおしかった。そしてほんの少しの金がたまっても故里へおくっているものが多かった。貧しい親を何とかたすけたい気持ちがつよかったのである。

丹波の少年の死

島の少年が大阪へかえってみると、丹波の少年は風邪をひいたといって咳をしていた。

「早くなおさぬといけないだろう」

とすすめたが、すぐなおるだろうといってそのままにしていた。咳はいつまでもとまらなかった。とうとう医者にみてもらうと、肺尖カタルだといわれた。彼らには肺尖カタルと肺結核がおなじものとは気がつかなかった。まったく無知だった。

「医者が空気のよいところへ移る方がよいといっていたから、どこかへいきたい」

といった。幸い丹波の少年のつとめている局の監視員をしている老人の借りている隣家があいたというので、そこを借りることにした。片町というところから汽車にのって四つ目の駅で、駅まえに家が少しあるばかりの田んぼの中の村で、そこの農家が屋敷内に棟割り長屋の借屋《しゃくや》を一棟たてていた。その一軒を借りることにした。六畳と三畳に台所がついていて十二円であった。それに汽車賃もいる。また駅から郵便局まで十町あまりも歩かねばならぬ。しかし自炊すれば食費の方はやすくなる。食費をひきさげて汽車賃にあてようとするのである。引越しの日は小さい手引きの車を借りて、二人で駅までひいていき、それから勤めにいき、宿直して、あくる朝村の駅で荷をうけとり、駅まえで荷車をかりて借屋へはこんでいった。荷は行李と蒲団と石油箱へ二はいの本であった。丹波の少年はこの家移りの労働がたたったようで、熱がではじめた。そして夜になると盗汗がひどかった。それをアスピリンでおさえて、局へかよった。彼には父がなく、兄があとをついでいた。その兄がいつも生計にこまっていたので、次男が冬の農閑期になると、西宮の酒倉へ酒づくりにきていた。西宮と大阪はすぐ近くだが、兄弟は近くにいても行き来することもなかった。その往復の電車賃をおしんだ。決してケチではなかったが、金をつかうことをおしんだ。そうしなければ家をささえることができなかったのである。丹波の少年はすこしずつやせていった。そしてときどき寒くてたまらぬということがあった。そういうとき島の少年はいっしょにねて相手がふるえがとまるまでジッとしていた。そういうとき、いつも額は火のようにあつかった。たいへんな熱であったにちがいないが体温計ではかってみることもなかった。手ぬぐいでひやしたり、アスピリンをのませたりして、熱がさがってくると翌日はまた郵便局へでかけていく。しかしその年も秋の終わりごろにはすっかり弱ってしまって、みんなから帰郷療養をすすめられ、もう田んぼはあらまし稲かりの終わったころ、彼は丹波の山中へかえることになった。荷物のすべてをまとめていった。駅へは島の少年が一人送っていっただけだった。

「家へかえったら、もうすぐ雪になるよ。それから長い冬がある。ぼくは家へかえって家の人に迷惑をかけるのがとてもたまらないから、少しでもよくなったらまた出てくるよ」

そういって寂しく笑って大阪をたっていった。よく晴れた日であった。島の少年はたまらなく寂しくなって、大阪城の天守台へいってみた。そこからは晴れていれば丹波の山々がよく見える。その日も空が

丹波の由利君とともに

すみきっていて、山々のたたなわりがくっきりと見えた。

大阪をたった彼は福知山線で福知山までいき、そこから河守《コウモリ》行きの支線にのり、途中の駅で下車して大江山のふもとまで二里あまりの道を歩いてかえっていった。家の人々にそんなに悪くはないことを示したかったのである。また三里ほどはなれたところにいる医者のところへも峠をこえて歩いていった。それらはみな非常に無理なことであったが、病にたいする無知と家の者を心配させまいとする配慮からであったが、医者は診察をすますと絶対安静を命じた。

医者からかえると彼はもうおきる力がなかった。そして雪がきた。咳がでて、痰が多く、やせていくのが目に見えた。家族の者はこの病人を中心にして暗い気持ちであり、近所の人は彼の家へ寄りつかなくなった。肺病は村人にとっては何よりも恐れられた。とくに兄のところへ嫁いできたばかりの若い嫁は病人をおそれて、親もとへ帰るといいだした。

彼は母や兄にたのんで木小屋の隅に座をつけてもらい、そこへ移ることにした。

そこは戸もろくにしまらぬようなところであり、屋根裏からは雪もまいこんできた。夜になるとしんしんとして冷えた。しかし彼はそこにだまって一人ねていた。母や兄たちもできるだけ近づけなかった。そして草ぶきの屋根うらをジッと見つめながら一日をすごした。食事の時分には母が食事をもってきてくれる。夜はランプをもってきてくれる。吹雪の夜はごろごろと山が鳴った。しかし彼はそうした身をかむ寂しさにたえた。家族の者へ迷惑をかけたくなかった。たった一人の小屋住みの生活が長い冬を通りぬけて、明るい春の日ざしが、人々の心をうきうきさせはじめるころまで続いてから、熱もさがってき、だいぶん元気を恢復した。そして草木の芽がもえだしはじめるころには、どうやら起きあがれるまでになった。彼はただうれしかった。

西宮の酒倉へかせぎにいっていた次兄がかえってくるころには、田のこしらえで急にいそがしくなった。そしてすぐ田うえの時期になった。家人のいそがしくしているのを見かねて、彼もまた田へ出ていったのがいけなかった。濁った田の水の中へ真赤な血をはいてしまったのである。それからまた木小屋の中で一人ねることになった。そして一年半ほど寝つづけて、その小屋の中で死んでいった。何一つわがままをいったことのない男であった。そして自分を片隅へ片隅へと押しやってついに消えていったのである。肺病で死んだというので葬式らしい葬式もしてもらえなかった。

彼は子どものころ神童といわれたそうである。

小学校でもとびぬけて成績がよかった。小学校をでるとき学校の先生たちは何とかして彼を上級学校へやりたかった。その母親や兄にもすすめたが、彼を中学へやる金は彼の家にはなかった。そこで先生たちが考えついたのが金のかからぬ逓信講習所へやることであった。素直でおとなしい彼はその言葉にしたがって大阪へ出てきたのである。彼は大阪へきてからも、先生や家の者や村人の彼によせる大きな期待を意識していた。そしてそれが重荷になった。村の人たちは彼が大阪の学校でも一番になるであろうと信じていた。しかし彼は一番になれなかった。そこに集まってきているものはそれぞれの地方の小学校で優等生といわれた者が大半であり、そういう人々のあいだでは平凡でおとなしく、たいして特色のない一人にすぎなかった。ただ彼が無類に人がよく、どんなことにも怒ったことのないのが同級生たちの印象につよくのこった。しかし彼はそういうことで仲間に意識せられるよりも、よい成績でありたかった。そしてよく勉強した。そして村人の期待にこたえたいと思っていた。が、その挫折はあまりにも早かった。

病死と自殺と

丹波の少年が山へかえっていったころ、大阪の市岡局へつとめていた少年が胸をわるくして郷里へかえっていった。奈良県の伊賀との国境に近い三本松というところからきていた。彼は両親がなく、小さいときから大阪の叔母の家で育てられていたが、やはりまずしさのために上級学校へいけず、逓信講習所をえらんだのであった。それが病気になって空気のよいところで療養するようにと医者にいわれたため、兄のもとへ帰っていったのである。

田舎育ちのこれらの少年たちは不思議なほど愚直で辛棒づよかった。どんなに無理なことを命ぜられても、反抗も拒否もしないで実行したものである。そしてそれをあたりまえと思っていた。そういうように訓練づけられていたから秀才でもありえたのであろう。そして田舎の生活が粗衣粗食であっただけに、都会へきてからも米のくえることを美食のようにさえ思って、副食物さえろくにとらなかった。そのうえ過労の事務があった。田や畑で働くのとちがって筋肉のつかれは少ないから、精神の緊張からくるつかれには気づかなかった。三本松の少年は身体は小さいが才子肌の少年であった。そして入学当時から島の少年と仲よくしていた。それがあるとき何かでひどく争った。暴力をふるったのではない、口さきだけであった。しかし、それから二、三日すると、彼は島の少年に泣いてわびた。ケンカのときは泣かなかったのである。親しいものに怒りをもってあたりちらすことが一番まちがっていると考え、自分がそういう人間であることに恥じたのであった。そして彼はもっと心のこまやかな人間になりたいといって和歌をつくりだした。島の少年もそれにつられてつくるようになっていた。歌そのものはセンチメンタルで下手でも、それが苦しみや悲しみをなぐさめ、勇気づけてくれることが多かった。その三本松の少年も倒れて郷里へかえっていった。田舎は結核の処女地であり、彼らの肺は大阪へでるまではじつにあざやかな赤さをもっていたに違いない。そういう肺へ病菌が巣食うと、みるみるうちに繁殖していく。彼らは病気に無知であり、また十分療養できる金ももってはいなかった。病気になることはそのまま死を意味していた。

三本松の少年が郷里へかえったころ、神戸中央郵便局にいた少年が室戸岬の沖で投身した。その少年が級長にあてた遺書はながいものであった。彼もまた愚直そのものの男であった。そして一生けんめいに勤めれば勤めるほど、それは彼の運命をくらくしていったようである。同僚の中になまけるのがいて、それと衝突したり、窓口で客と争ったりしたのも彼の方が正しいと思うことをしたまでであったが、すべてそれらは彼の非とせられたし、恋愛にも失敗した。そういうような人間は存在価値がないと思うから自分は死ぬ。死醜もさらしたくないから室戸岬沖で投身する。そのときからおそらく世の中の人はふたたび私の姿を見ないだろうという意味のことが書いてあった。

それからまもなく、徳島郵便局へいっていた男も自殺した。これは遺書らしいものもなかった。

「同攻会報」は年二回だすことにしていた。その一号のでたときは全員が書いていた。しかし五号のでるころには五、六人になっていた。これはと思われるものはあらまし倒れるかまたは自ら消えていたし、そうでなければ境遇が安定していてグループからはなれていた。そこで五号で廃刊することになった。

師範学校へ

五つあったクラスのどのグループもあい似たもののようであった。そして各クラスの生きのこった連中がしだいに連携しあうようになっていった。

「からだに自信のないものは早くこういう世界からぬけることだ。だれか口火をきらぬか」

級長が島の男にそういってけしかけはじめた。彼はひどく体力のなくなっているのが気になっていた。彼は他人のまえで裸になることすら恥じるほどやせていた。このままならきっと倒れてしまうだろう。毎年歳の暮になると、年賀状の処理で郵便部はテンヤワンヤになる。そのために局の区内の商業学校の生徒がきて手伝う。大きな声でデカンショ節をどなりながら葉書の区分をするのだが、じつにキビキビしている。そして最終便の整理の片づく夜あけの三時ごろまで元気いっぱいに働いてかえっていく。また翌朝もやってきて手伝う。そして一週間の重労働をやってのける。彼はそういう人々を見てシンからうらやましかった。彼にはもうその体力がなかった。ある夜たまりかねて宿直室の蒲団部屋の中へもぐりこんでねた。ひどく怠けものになり、なにか自分が堕落していくように思えた。級長は彼に師範学校の二部をうけてみないかといった。

「二部なら一年で卒業だし、それに給費もある。すこし金の工面さえつけば何とか通学できはしないか。自分は今年はだめだが、来年はねらいたい」

という。彼もその気になって正月すぎから受験の準備にかかった。試験は三月の初めにあった。学校へいってみると五百人ほどきていた。その中から百人ほどが入学ということになるのである。みな学生生活をしてきた人々であるから元気がよかったが、逓信講習所で見たような緊迫感はなかった。彼らはその背中に家や故里の期待や貧乏というものを背負っていなかった。愚直な感じの者も少なかった。試験もそれほどむずかしいとは思わなかったが体力が全然だめだった。二百五十メートルのトラックを八回まわらされるのを彼は五回で落伍した。鉄棒にぶらさがっても何もできなかった。小学校のころ三里の道を走りつづけたほどの脚をもっていたのだが、そのおなじ脚がまるでだめになっていた。とても合格はだめだと思っていたら通知がきた。彼はやっとこの世界からぬけだせるように思った。

さて学校の正服は小倉服であり編上靴をはかねばならなかったし、学生帽も必要であったが、彼は古ぼけたサージの服しかなかった。彼が合格すると、同攻会の仲間は心から喜んでくれた。そして京都聖護院の局へいっている男はサージの服とその着ている小倉服をとりかえてくれることになったし、三宮局にいる男はかぶっている学生帽をくれた。大阪中央電信につとめている男は自分の編上靴と彼の短靴をとりかえてくれた。入学する前日には、中央電信へいっているもう一人の男が宿明を利用して、荷物をまとめていっしょに学校へもっていってくれることになって、東野田の間借りしているところから天王寺までいっしょに大八車をひいてくれた。片道二里ほどはあろう。二人は肩をならべてゴロゴロと車をひいていった。

「よかったなァ、よかったなァ」

中電の男はそれを連発した。

「君、卒業したら、みんなでたかりにいくよってな、覚悟しとりや。君がきれいに足をぬく最初の男やからなァ…。のこった連中見すてたらあかんぜ」

中電の男はそんなこともいった。とにかく仲間の一人が別の世界へ移っていくのである。

社会主義グループ

島の男の学生生活はこうしてはじまった。彼はそれまで場末の本屋で、『中央公論』や『改造』の古いものを買ってはよんでいた。『戦旗』や『前衛』というような雑誌もそういうところで見つけた。彼らの

天王寺師範二部合格後、もらった帽子をかぶって
大正15（1926）年3月、18歳

生活にいちばん近いことを書いているようであったが、その表現の仕方になじめないものがあった。それにもかかわらず、心ひかれて読んでいたのである。そうしたとき、古本屋の見切本の中で長塚節の『土』を見つけた。表紙がとれかかっていた。彼は百姓の子だけにそこに書かれているすべてがわかるような気がした。

そうしたとき、大阪中央電信へいっている岡山出身の男から連絡があった。社会主義の研究会をするから出てこないかということであった。講習所時代にはまったく目立たぬ存在であり、中央電信へいっても長い間ひっそりしていた。が、そのうちすぐれた技術者として彼の名がみんなの間に知られるようになってきた。電報をうっても受けても正確で早かったし、機械の上でもケンカすることがなかった。若い連中は機械を通じてよくケンカしたものである。そういう世界で彼はすぐれた技術者として登場してきていたと同時に局内でも彼をめぐるグループができていったようである。講習所時代にはまったく平凡で印象がうすかったのだが、その彼が中心になって、研究集会をもつようになるということは、彼がかなりの実力をもってきたことを示すものであろう。昼間の集まりならともかく、夜の集まりでは寄宿舎生活をしているものには不可能であった。そこへ級長がたずねてきた。彼は不死身のようにつよかった。みんなの連絡係をし、仲間をはげまし、講習所をでて三年以上もたっているのに、講習所時代の態度をくずさなかった。彼がたずねてきたのは中電の男の社会主義グループのことであった。

「グループのいっていることはじつによくわかる。自分たちの俸給は安い。そのうえ病気になっても何ら保障せられるものはない。しかも不規則な勤務がぐんぐん身体をこわしていく。自分らがどんなにまじめに勤めても、まじめであればあるほど不利な境遇につき落とされていくことの中には大きな誤りがひそ

天王寺師範二部のころ。大正15（1926）年10月、19歳

んでいる。われわれは精いっぱい努力しているのだから、政府もまた、われわれの生活をまもる義務がある。このままでいけば優秀なものはみんな死んでしまい、ずるいことをしたり、怠けたりした者だけがのこっていく。優秀な仲間のほとんどは倒れてしまった。このままでよいかどうか。どうしても立ちあがって、自分たちの立場をまもらなければならない。それにはみんなが手をつないで自分たちの立場をまもるための主張もしなければならず、また社会のことも研究すべきだと思う。それで自分も仲間にはいろうと思うし、またできるだけ多くの仲間をつくるべきだと思う。君は郵便局をやめたから、外から応援してくれないか」

という。島の男もその通りだと思った。自分のようにうまくぬけでたものはよい。しかしそれはほんの少数の者でしかない。ぬけだして、自分にとってよかったとしても、それでみんながよくなるのではない。そういうことについて思いなやむことが多かった。だから級長のいうこともよくわかった。

「君の役割は、時間もわれわれよりたくさんあるのだから、ウンと本を読んで、その中からグループのものが読んでおもしろく、ためになるようなものを探してくれること。もう一つはグループはみな薄給でゆとりがなく、プリントをつくる金さえない。学校をでたらそういう資金の援助もしてほしい。君がいちばん多い月給をとることになるのだから……」

といってかえった。なるほど師範学校を卒業すれば月給五十円になる。もう日給ではない。彼は忠実にその役割をはたそうと思って、まず猛烈な読書をはじめた。

級長からはときどき連結があり、グループの集まりもしきりにおこなわれ、仲間もぐんぐんふえていきつつあるようであった。島の男は師範学校をでると、和泉の山手の小さい学校に赴任した。すると局時代の友だちのたれかが時おり金をもらいにきては一晩くらいとまっていくようになった。

そのころ新聞は官憲がしきりに左翼運動の弾圧を報じはじめた。島の男は田舎にいてそのことを案じ、級長にも様子をきいた。十分注意してやっているから大丈夫だとのことであったが、まもなく中電の中心になった男が捕えられたことが新聞にでた。新聞には見おぼえのある顔がいくつもでていた。組織が壊滅したばかりでなく、いっしょに講習所を卒業して、かたく手をつないでいこうとした仲間のほとんどがこれでその職場からきえてしまった。たった一人、局の外へでた島の男にも、それからまもなく生死を彷徨するような病がまっていた。同僚からもらった菌が身体の中でしだいに活動をたくましくしはじめていたのである。

私の手帳から

——高麗橋郵便局時代

（一）　近況を

大阪高麗橋局　宮本常一

皆さんお変りありませんか？

私在学中は一方ならぬ御厚情に預かり、真に有難う御座いました。一々手紙を差し上げねばならぬのですが、どうも貧乏と不精とが一緒になって失礼しております。実は私は卒業の前の日から大腹痛を起して弱り切っていたのですが、十二日〔大正十三年五月〕にはやっと苦痛を忍んで起きて式場に行ったので、誰にも別れの言葉をかわさず去ってしまいました。さて早速、西野田の叔父のところへ行って大八車を借って来て、一日半ばかり飯も食べずに弱り切っているものが、あるだけの元気を振り出してやっとの事で日暮前に叔父のところへ着いたのですが、倒れるほど苦しかったのです。途中時事新報社の前で三十分計りも休んだのですが、それでも福島までかえった時、私は凡てを投げ出したいようにまで苦しくって、力ない目で赤い夕日を見つめました。これも、やがて私の過去をつづる歴史の一頁にもなる。そう思うと幾分元気も出て、やっとのことで叔父の家へついたのです。叔父の家は市場の入り口で、汚いせまくるしいところで、大いにやかましい、臭い……。私達にはあまり適した地ではないのですが、差当りここで厄介にならなければ仕方がないので、まあ行李のひもを解いた訳です。その翌日、即ち十三日には早速局へ出かけましたが、いよいよ今日から本当に自分の力で自分の運命を開拓するのだと思うと心がおどりました。

主事の訓話の後、局長室に伴われて、局長より辞令を渡され、あわせて訓話がありました。

「えー、私はこの局の局長で名島というものだ……」落着いたどことなく聞いた事のあるような言葉で話されるのです。どうも山口県人の言葉によく似ているが、と思っていると、「君達はどこか」と問いますから、大空君も僕も山口県ですと答えると「やあ、そうか私も山口県の岩国じゃ……」まーしっかりやってくれとて色々話され、私達の為に前途を祈るとの言葉。私は非常に嬉しかったのです。

名島氏は元東京郵便電信学校の優等卒業生だそうで、大阪二等郵便局長中一番先輩だそうですが、かなり不遇な位置におかれている、とは主事よりの話。まあ、そんな具合で主事は親切だし、先輩もよく指導して下さるので好都合です。

それから十五日頃から交換線のかかりになって、ズーッとその方にありますが、一番困るのは送信が下手で、相手からヘボ、バカ、シンマイ、ブルブル、アホウ、ヤメ、カワレ等を出される事です。私はそれ位で腹は立てません。元を尋ねてみれば、自分の技術が未熟だからですしするので、そんなに言われるのはもっともですが、途中から受信しなくなったり、また受信証を出してくれぬために、非常に手間どって、公衆に迷惑になるような事があるのが残念です。そんな事で一通の電報に対して三十分もかかって送信した事がありますが、これなどは実際考えてみると馬鹿げた話です。実はその電報は私の局に受信したのは東区平野町で、高麗橋局の配達区内なのですが、実際は東平野町に受信人はいるので、高津の区内だったのです。それ位の事で受けぬと頑張るのです。局内心得さえ受けてみたら分かるのですが、局内心得までも受けずに、便覧を見ろとか、バカ、とかやるのです。いくら局内心得を送っても、相手は頓着なく喧嘩を吹きかけるのです。ところがやっとのことで主事が対手局へ電話をかけて下さったので落着したのですが、その度に大きな吐息をつくのです。

私は本当に技術が嫌です。ですから練習しようと思わないのです。ところが今日も閑なので、時間をぬすんで例のように英単語を覚えていると、主事が来て「熱心なのはよいが君はまだ技術が未熟だ、そうして英語をやるのもよかろうが、ここでは技術が一番大切だから、君が一人前になるまで辛棒しろ。そして技術をやり給え」との言葉で目が覚めたのです。

そうだ、嫌じゃからといって、やらずにいたらとて好きになるのでもなければ、上手になるのでもない。殊にコツコツは俺の仕事だ、それをゆるがせにするのはちょっと間違っている……。私は、私の心に恥じました。後から先輩が私を呼んで「君は熱心に勉強しているのはよいがネ、技術もやらんと君に損なことがあるよ。第一主事がにらむだろう。色眼鏡で見られると損だよ。主事も今はやさしくいっているが、君があまりに技術に目をかけないとすると、大きな声をださんとも限らんからね……。僕のところ（大阪高麗橋線）へ来て受信の稽古をし給え。何事も初めが大切だから」。こういって親切に注意してくれました。私はこれらの人に対して感謝しています。ですから私は局へ出はじめて不満を抱いたようなことはありません。

こうして先輩の指導よろしきを得て、私も無事に進むことが出来ます。それから勤務時間は、まだ初めですから宿直はありませんが、この一週間、午前九時に出て午後五時に帰るとすれば、次の一週間は、午後四時から午後十一時まで、というような勤務時間で、行く時は電車にも乗りますが帰りは徒歩です。長い中之島を天神橋のところから堂島大橋まで堂島川に沿うて歩くのですが、私にとって最も楽しいのは、この間を歩きながら、私と云う人間について考えさせられる事なのです。

夜など冷い夜気にうたれながら歩いていると、水の面にうつるなまめかしい灯を見入りながら歩いていると、故郷のことや不遇な友達の事など思い浮べて涙を落とすこともあります。しかし夜は自由な世界です。私の涙を見るのも空の星のみです。

私は涙を惜しみません。

ある時は亢奮して「俺は生きるんだ」なんてつぶやく事もあります。私は私の理想を幾分でも発現しなければならぬ。そんな事について考えさせられるのも、私のみすぼらしい姿を見せつけられて、一人心を高ぶらせるのもこの十五町ばかりの道です。

私はズーッと後まで、この十五町の間で考えさせられたり、追憶させられたりした事を書かして頂く事にします。しかし私は講習所時代のようなオシャベリではなくなったことを附言します。私はもうオシャベリは一生やめる考えです。私は私のギロッとした神経質の目ですべてをにらみつけているつもりです。

もし私の目が少しでもトロッとしたら、それは私の破滅の日です。

私はその中に極端に走る性質を矯正して幾分でも広量の人となりたいと考えています。
◎これは此処に出す話ではありませんが一寸。
実は昨日、一寸信使が私のところへ来て「宮本さんは女をにらみつけた事があるんですか……」とまるで藪から蛇のように尋ねるので、ポカンとしていると「今日ね、私が下へ降りて行ったら、保険係の女の事務員が、今度来た人は目の光る人ね」というから、どんな人かって聞いたら、色の黒いむつかしい顔をした若い人っていうんです。「今朝、私にらまれてゾッとしたわ」っていっていましたよ。思わず私も苦笑しました。別に私はにらんだのではありません。その女が郷里の家の近くにある菓子屋の子によく似ていたのです。似ていたって横顔なんですからネ、あてにはなりませんよ。ところがその女がこちらをむいたので、視線がピッタリあったんですが、郷里の女とは同じ丸顔でしたので、私はそのままムッツリした顔で二階へ上がった。それをあの女が信使に話したのでしょう。私は内心喜びました。その鋭さですべてを究めよう。私はそのギロリとした目を一生トロンとさすまいと考えました。目と口とは人間の性質を最も立派に語るものですから。「屈して伸び、黙して語る」と、私はこれをモットーにして進みます。そして一歩一歩堅実な歩みを続けて行きたいのです。

私の環境は甚だ不整頓ですが、私は整理された環境を欲するものではありません。かえってこうした下流社会、第四階級に立って世の中の裏面を覗うのも興味あるものですよ。なに心配することはありません。修養も勉学も一生の仕事ですから。そして無理をして途中で倒れる事のないように。おたがいに美しい花を咲かせて立派な実を稔らせようじゃありませんか。それから最後に京都加悦の芦田君、大阪小坂の森本君、大阪中央の井戸君、梅田の中新君、天満の由利君、神戸三宮の杉田君、藤原君、舞子の橋本君、鯰江の井出君どうぞあらん限りの奮闘あらん事を乞う。そして恩師松本先生に対し御恩の萬分の一なりと報ずべく努力しようではありませんか。（貧しき灯の下にて夕映生）

（「同攻会報」第一号　大正十三年六月）

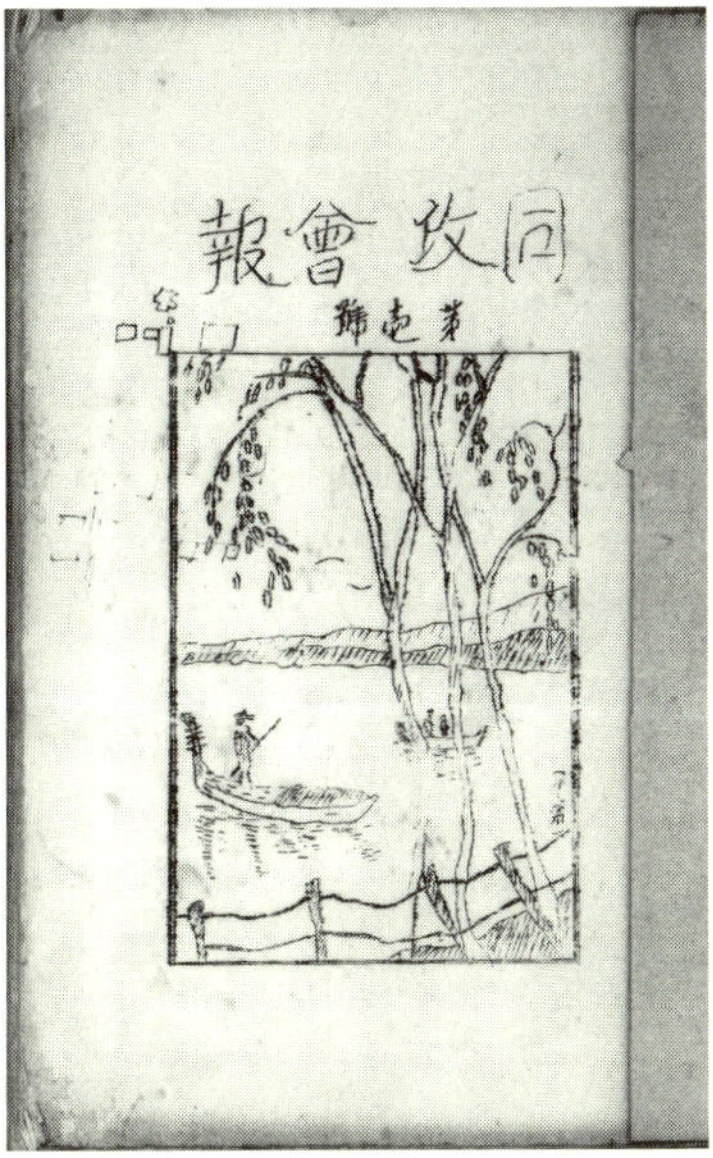

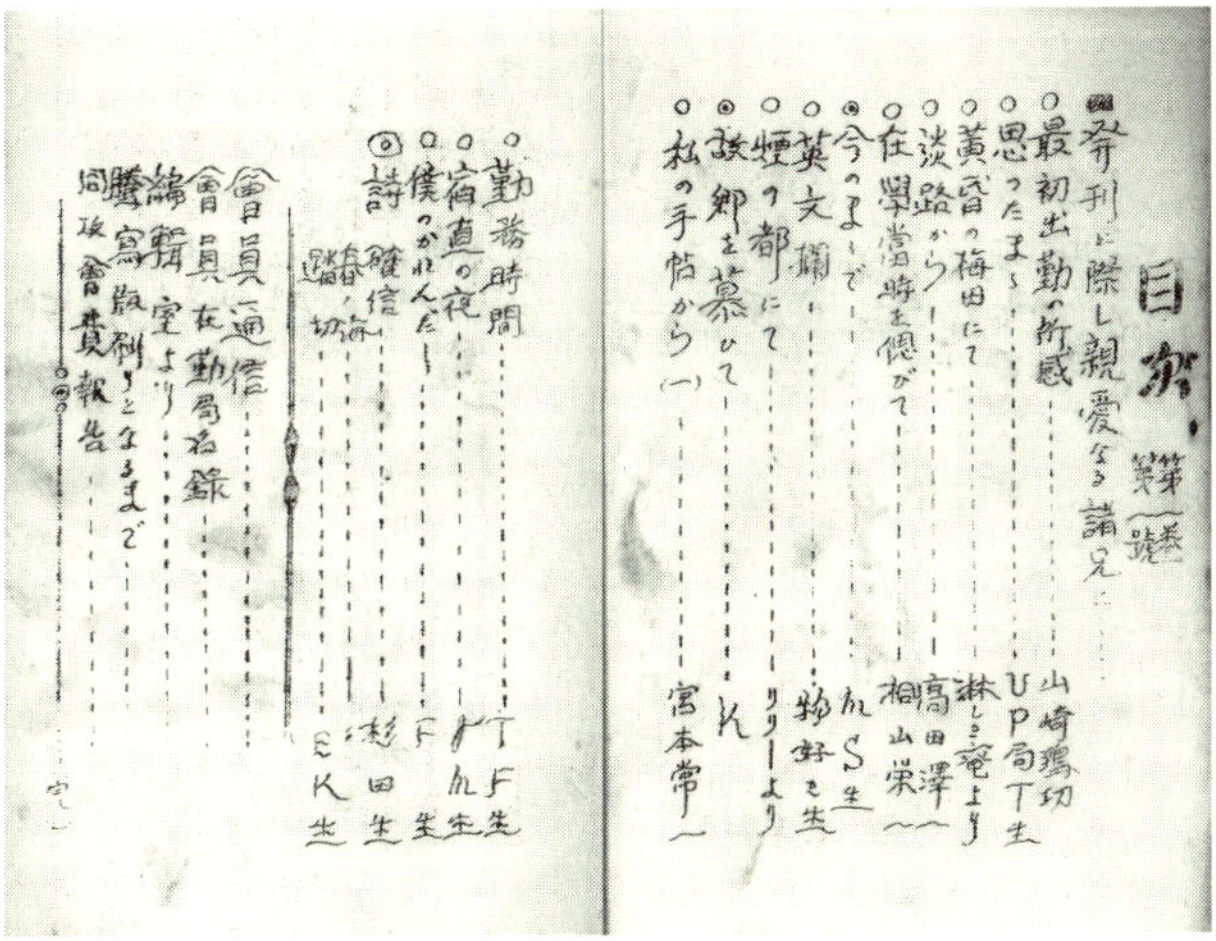

目次　第一巻第一號

「同攻会報」第1号、扉と目次

（二）感ずるままに

高麗橋局　宮本常一

一

私達にとって忘るべからざる五月が去った。学窓から実社会へ。新生の喜びを胸に秘めて、バラック見たような、郵便局員の卵を養っている、逓講を後に見返して、太洋か暗黒か、とにかく形容のし難い社会とかいうところへ、乗り出したのは去る五月の十二日だった。あれからもう二月になる。早いといったら目がまわるほど早い。手提鞄に逓講時代そのままの姿で通勤しているが、しかし今から二月前のような気分は少しもない。あの頃は全く夢のようだったが。　若い日の去りゆくのを忘れて追憶に耽ることもある。しかし今の自分は、いつもイライラした不満な、そして言いしれぬ淋しさを胸に秘めて変り果てている。一人でもよい早く真味な友が出来て欲しい。昔親しかった自分の友は、次第に自分の周囲から離れてゆく。あー自分は一人ボッチになってしまった。これからどうしたらよいのかしら。妙にセンチメンタルな気分にもなる。その時どこかで叫ぶ「おまえは死を賭して戦うといったではないか。それで何になる」ああこんなことでどうなるか、再び奮い立つ。そして過ぎゆく時の影を□□、貧しい灯の下に書を繙く。

二

私は強く生きたい。人間らしく生きたい。今自分の胸のうちはそれで一杯だ。私は私の個性をグングン伸ばしてやりたい。しかしそれは……　その鋭さは世の風波の為に次第にすり減らされてゆく。自分が次第に平凡な人間になってゆくのをハッキリと感じる。自分は小学校時代、かなり職員から嘱望せられていた。広くもない村ではあるが、村人は私を目するに秀才を以てし、それを自分も許していた。何も自分は秀才だとうぬぼれたのではない。何によって許したか、それは己の勉学によってである。私の懐には何時も本があった。山に行く時も、田に働く時も、そして可成努力を払った。しかし私は空想にばかり耽っていた。馬鹿げなことを考えて得々たることもあった。そして小学校時代を終えたのだ。私は上阪後、全く別人のように変った。前のように落ちついた男ではなくなった。気の小さいオドオドした者に変った。世の中の総ての人が寄りつき難いように感じられはじめた。そして空想や憧憬から遠ざかり、したがって勉強もそれだけにしなくなった。ああ自分はとうとうこれで終ってしまうのではないかしら。つくづくそう感じる。私はこんな小説を読んだことがある。随分前で作者の名も、作中の人物名も記憶していないが、とにかく三人の秀才が、各々美しい個性のヒラメキを見せて、学校を後に世の中へ乗り出した、そして三人共離ればなれになった。そのうちに幾年か過ぎた。運命の神は再び三人を相会せしめた。その時三人は一様に驚き果てた。その風采は全く変り果てて、鼻下に蓄えた髭も既に一二本は白きを交えていた。変ったのは啻《タダ》に風采ばかりではない。その内側まで変っていた。もう到底、昔日の如き秀才らしさはどこにも見られなかった。そして只平々凡々たる一苦労人に過ぎなかった。その上皆人の親となっていた。……

古い記憶を呼び起こす時、我が身の将来が思われて限りなく淋しい。

どうかして田舎にいた時のような気分に一度でもなってみたい。私の胸の中はそれで一杯だ。

三

浅緑より深緑へ。温暖より赫熱へ。すべてが男性的に変ってゆく。

奈良よ、京都よ、と花の影を追い、春の夢に酔うていた者も今度は海へ山へと向かいはじめた。すべてがこうした男らしさへ変って行く。しかし私は夏を知らない。私の現在はまだ冬の最中だ。毎日一里の道をテクテクやって、八時間を局で過ごさばそれでよいのだ。しかし私は給料を貰う為には働いていない。何物かをつかまんとしているんだ。求めたいものを求め得ないほど苦痛はない。しかしそれが今では次第に遠ざかりつつあるではないか。自分は泣きたいほど苦しい。苦しい丈にそれに対する奮起もある。私にその反動のある間は大丈夫だ。しかしその反動も次第に影をひそめてゆく。私は今一生懸命にもがいている。そして夏も知らないで闇の道をコツコツ進んでゆく。何時か明るい世へ出る日もあろう。それが唯一の杳《ヨウ》たる望みである。

四

今日小学校時代の恩師から手紙が来た。元気絶倫の若武者でよく私を指導して下さった先生だ。小学校の先生といったら大抵相場のキマッたものだ。教室にいる時は自分より偉いものはないようなことをいったり、自分でわからぬところは曖昧にしてしまったりして得々たる井蛙《セイア》で、教員室では給料と、女と、食物の話で持ち切りという、奇妙極まるのが小学校教員だ。しかしこの先生のみは若々しい、真実な、少しも先生臭みのないというよりは我々の兄であった。精力絶倫、意気当るべからずとはこの先生の事だろう。病のため臥して既に二年になる。一時は死をさえ伝えられたが、何のその、未だまだ屈する色は見えない。

その先生の手紙の一節に「君はまだ若い、前途遼遠だ。急ぐことはない。しかし若いからといって、徒らに日を過ごしてはならぬ。遼遠だからとて、油断してはならぬ。屈するも撓《タワ》まず、誘うも動ぜざる不断の努力を以て、堅実な歩みを続けつつ、一歩一歩君の運命を開拓してゆかねばならぬ。そこに生くる悩みがあり、努力が要るのだから、苦しいからとて避けようとしたり、悩み多いからといって投げ出してはならぬ。どうぞ若い日を有意義に送ってくれ給え」と。真味溢るる師の言葉に何時も奮い起されるのだが。ああ若く健康な自分より、病める師の意気の方がどれだけ偉大か知れぬ。

五

こうしている間にも刻々と時は過ぎてゆく。我々は何時までも、こんな愚痴ばかりいってはおられぬ。追憶にばかり耽ってはいられない。幾分でも自分の運命を開拓して行かなくてはならぬ。くだらぬことをいったり、返らぬ過去をふり返ったりしてはならぬ。歩もう、歩もう。そして若い日を幾分でも美しく彩らなくてはならぬ。

とにかく自分は己の信ずるところに向かっていこう。我々の行く道は、飛行機で空を飛ぶような、そんななまぬるいものではないのだ。汗まみれになって暴風雨の夜、海を渡ってゆくあの渡り鳥と同じことだ。一歩を誤らば生命はない。そうだ、我々の行くべき道は渡り鳥のそれと同じだ。何の他を振り返る暇があるか?。

（「同攻会報」第二号　大正十三年七月）

（三）　思い出す事など

高麗橋局　鐘二生

一

私は今釣鐘屋敷の昔を語る釣鐘町のダラダラ坂の中程の家にいる。
私は今日ここに来たばかりだ。こうした度毎に一種の哀愁を感ずる。〔八月三日釣鐘町二丁目に引越す〕
私は度々家を変る。講習所を出て三度目だ。あまり変りすぎる。しかし私にはそれが判らぬ。私は何故か一人でいたい。そうして静かに考えたい。私のすべてはその考えたい事で一杯だ。私は過去の追憶に耽けるのが好きだ。それを追憶にとどめるためにこうして筆をとった。

二

私達が初めて桜宮生活を始めた頃（昨年の五月頃）の桜宮と、今の桜宮を思うとあまりに変転の激しいのに驚く。私達はこれを何で形容してよいか判らぬ。昨年の六月頃、私はよく城東線に沿うて散策した。朝に夕に。そして私は田舎らしい気分を味わった。一望里余の青田の彼方には野江の部落と、ポッチリ唯一つ青田の中に生まれ出たような、都島小学校があるのみだった。「夜は露より明けて朝日に匂ふ稲の美しさ」といった蘆花の言葉そのままのあの青田。あーそれもついに見ることが出来なくなった。何時ともなく建ち行く家の為に。惜しい哉。私はつぶやかずにはいられない。
あの青田は尊さそのものだった。あの青いすがすがした稲葉には、農夫の汗と愛が籠っている。天気が続けば雨を乞い、風が吹けば風神に詫び、雨多ければ天気になれと祈る。その態度のうちには、我々は少しの利欲をも認めない。ただ無事に熟れよとばかり願う、その心の美しさ。朝は太陽に先だちて出で、夕は月影星影を踏んで帰る。彼らの米を造る第一の目的は米を愛するためである。故に少しの手段たるを認めない誠そのものである。然るに何時の間にか畦道が広くなって土を満載した荷馬車が通り出す。すると少しづつ青い稲が姿を秘《ひそ》めて行く。百姓の悲しさ、淋しさ、察するに余りある。やがて家が建つ。飲食店が出来る。色々な店が出来る。昨日までは己の郷土を愛してきた土も、今日は見も知らぬ人の世界となって、蛙聲は人の無駄話にかわり、畔に憩う農夫の農作雑話も、辻にアイスクリームを売る露台商人の声と変った。そうして尊さは次第に醜さになり果てて行く。やがて農民の怒り、農民の慨き、はたまた自棄ともなりて、どんな破裂を見るやも知れぬ。おー変り行く桜宮よ。

三

変ったのは都島ばかりではない、また桜宮の風物ばかりではない。人も変った、世も変った。私が一人、都島車庫から桜宮（寄宿舎）まで歩いたのは昨年の六月の初めだった。来て間もなく見知った中新君と、黒田医院へ行った帰りに電車で都島まで帰ったのだった。中新君はどこか（目の上だったと思う）に腫物が出来たのを切ってもらって、通っていたように思う。その頃車庫裏にはボツボツ家が建ちつつあった。それから既に一春秋、中新君は講習生として、最も光栄ある栄冠を得て、今では梅田局に前途の光明を望みつつ健闘している。幸あれかし君が前途よ。私は君が近い将来において、必ず運命の支配者たる疑わぬ。

その日の来る時、私は過ぎしあの田の道を歩んだ事を思い出すであろう。それは私が大阪に来て初見の人と初めて歩んだ印象として。

四

八月一日の晩だった。私はフト散歩したくなってブラリと外へ出た。そうして網島の方へ歩いた。フトどこかで淋しい尺八の音が洩れるのを聞いた。私は思わず立ち停まった。私は知らず知らず、その方へ歩いた。尺八の音は高工と貿易語学校との間の広い空地に起った。ここのみは来た時も今もかわらぬ淋しさ。露をシットリといただいた草の茂みに立つ黒い影は、哀愁そのもののような哀音を吹き続けた。それは私の聞いたことのない曲だった。私はジッと聞きほれた。「ここは空地である。そして今、若い男が尺八を吹きすましている。彼の尺八に聞き惚れている者は、私と情なき草と、そうして空の星と、草蔭の虫のみだ。しかしやがて、この空地にも家が出来る。カフェーが出来る。あの男もどこへか去る。虫は死し草は引きとられて、八月一日の夜、その空地に展開された一の小さい詩景は、永遠無言のうちに葬られてしまう。ただ知っているのは空の星のみだ。住む人は、ただこの辺がずっと以前、空地であったことのみを知って、尺八を吹いたり、それを聞いたりした者があった、まるで夢のような事実を知る者はあるまい。そうしてこの出来事は、宵闇と共にどこへか持ち去られて行く。私はそれが悲しい。何時までもそこが空地であってくれればいいに。私は何ともいえぬほど淋しい。こうして桜宮の顔は変って行きつつあるのだ。私は静かに歩いた。若い男の尺八も止んだ。私に若し文才があったなら、何時までもこの出来事を思い出すシーンなり、感想を書きとめて置くに、しかし私はプーアな男。年たけたる日、桜宮の土を踏むを得たら、その時ただ昔の追憶としてのみ、頭にたたき込まれた絵巻の中から、繰り拡げて見るだろう。

五

今日（九日）桜宮を訪れて吃驚した。講習所の北にあるあの芦の湿地！。冬は枯尾花をなびかせて、そぞろに冬の淋しさを味わしめ、夏は青葉の葉ずれにサラサラと、如何にも涼しく見えたあの芦。若い男が真中に立って、生駒の方へ向かって笛か、ラッパかを、ブウブウピーピー鳴らした、あの芦の荒地。ああの芦も、今は埋め立てられて、その半は姿を消した。やがて家が建つ。そうすればもう富士湯の煙突を、桜宮駅に入る汽車を、何なく音響を受けながら眺めることも出来ない。そしてまた逓信講習所も、立派な鉄筋コンクリートの大ビルディングに変るだろう。その時、ありし昔を語るものは、我々の常に仰いでいた、桜宮境内の大公孫樹《いちょう》のみであろう。講習所の前の貯水池の南隣、逓信局工務課の薄汚い建物も、もう少しすれば取り去られて、パークヨドガワの一部となり、遊泳場が出来るそうである。その時我々は桜宮を訪いて、如何なる感にうたるるや。やがて澱川堤から、生駒連峰も見えなくなる。諸君が成功の暁、再び中野町を訪う時、我等のために桜宮の転変を説くものは、「私しゃこれから淀河の舟の船頭で暮らすのよ」と誰やらがいった源入浜の渡船の渡し守のみであろう。

我々が桜宮を去ってからも随分変った。しかし如何に変るとも櫻の宮は桜宮である。年は移り人は去っても、我等を育んでくれた土地。やがてその地に、盟友二十八名相会して、恩師と共に懐旧談にありし日を偲びたいものである。

私の変名について

「鐘が鳴るのか撞木が鳴るか　鐘と撞木のあひ（間）が鳴る」

という俚諺がある。あの鐘に因んだ釣鐘町。私は梵鐘が非常に好きである。宗教そのもののようなあの鐘、その鐘の町に住み得た、私は実に嬉しい。

鐘に関する伝説は非常に多い。しかもそれらは皆淋しいものである。ゴーンと鳴るあの重々しい鐘の音、あの音の中から宗教が生まれて来るのではないかとも疑われる。

たとえようのないあの音、それが詩になり歌に詠まれる。私は仏教というものから、あの釣鐘をとり去ったなら、実に貧弱な宗教になると思う。

またあの鐘に関する詩歌のうちから、鐘の音をとったらサッパリ詩にもなるまい。鐘のみあって、あの音がなかったら、床しい伝説も生まれまい。

従って

　七景霞にかくれて三井の鐘

といった近江八景の俳句も生れ難かったであろう。

私は梵鐘が好きだ。しかして終に梵鐘の町の人となった。

ここに私は地名に因み、己が好む鐘にかりて、住める地が二丁目なる故「鐘二」と紙上においてのみ、変名する事にした。あまり因念がついては兼好法師に笑われるからこれ位に……

（「同攻会報」第三号　大正十三年八月？）

（四）深みゆく秋に

大阪城下　鐘二庵主人

一　生駒行

十二日〔十月〕の日曜には是非神戸のK君を訪うてみようと思っていたのが、十一日の夜弟が訪れて、ついに十二日は生駒登山に決す。昨年の初夏、我がクラスはその山に登ったのであるが、不幸にして小生は加わることが出来なかった。残念な日を送るうちにもついに十二日まで機会がなかったのである。とてもこれを逸してはと思い立ったのである。無論散歩という考えだから弁当も何も持たず下駄ばきに袴という姿。電車は枚岡ですてて官幣大社枚岡神社に詣る。冷たい朝の空気を胸一杯吸うてみるとやっぱり気持ちがよい。どことなく神さびて有難味が多い。頭も自然に下がる。最も気持ちよく感じたのは、境内に茶店一つ出ていない事である。これがため、この神をして崇厳ならしむる事また大である。その南に続く梅林に入る。まずこのあたりでは大きい方だろう。ここで三十分ほど散歩に来た里の男と話して出発。いよいよ彼の暗峠《クラガリトウゲ》へかかる。暗峠についてはいろいろの秘話があるのでよく知っている。さてこの暗峠を越して真直ぐに行けばよかったのであるが、途中から山道へ外れた。これが大失敗であった。ついに道を失って、露深く、草茂く、険しい山の腹に、道を求めて登る事一時間。着物は雫たり、足はただれて色白くかわり、池の中へでも三十分くらい入っていたような姿。それでも時々、大阪平野をふりかえって、自分はまだ生きていることを知った。やっと分水嶺上に立ったのはもう十一時。それから着物や袴を三十分間ほど乾してまた出かける。さいわい人が来ぬので失態を見られなかったのがよかった。

それから頂上へ。頂上から宝山寺へ降りたのは、もう一時頃だったろう。頂上の八大龍王のところで大分休んだから。

あまり人がたくさん詣っているので、少しも有難くない。奥の院へ行きかけたがやめにして、とある家で昼食をとって、四条畷へ向かって出発。道は不案内だが迷うたところで狭い日本だ。十日もたてば日本海か太平洋のビーチへ出るサ。そんな気で、もう景色のよさそうな道や近道を通る。すると大きな池の傍に出たり、見晴しのよいところへ来る。あーあれが淀川か、あれが木津川か。なるほどあのあたりが奈良だから、あのあたりに本三位中将重衡の墓があるだろう。などと一人合点しながらゆく。とうとう宝山寺から飯盛山の東へ出るまで、三時間の間に家に一つも出会せぬ。途中奈良街道で女を一人見たきり、人にも逢わぬ。あーもうこれが飯盛山らしいが、そんな事を考えながら深い谷を下る。下の方で子供の声。「シメタ」……三丁ほど下ると、三人の子供が栗を取りに来ている。「オい君　四条畷神社へはこの道を下ったらいいいな。何丁位あるかい」「もう二十丁」一人が答える。十丁ほど下ると家がある。さてはいよいよ日本らしくなったぞ。途中で道を聞きつつ無事四時半、四条畷神社に詣る。それより楠正行の墓に詣り、五時七分大阪行きの列車にて六時着。これで生駒行の幕は降された。芝居ならチョンチョンと拍子木の鳴るところ。

二　旅人

身を雲水にまかせて、ただ旅より旅へと、行くて定めぬ旅人があった。彼も若い時には、決して脚絆をつけたり、笈を負う気はなかった。ある時は大臣大将をも夢見た。またある時は己の力の弱きにも泣いた。

もっと有意義に、もっと真実に、もっと直観的に生きたいと思っていた。しかしそうするには世の中のすべてが矛盾していた。彼の若い日は生き得んとする悩みで一杯であった。ただ僅かに美しき恋人によって、その苦しみを慰め、世と戦って、ひたすら向上の一路をたどったのである。しかし彼が二十二才の秋、彼の愛人は彼を残してついに他界したのである。その頃彼は帝大の哲学科に席をおいていたが、この悲しみのために、ついにすべての望みを投げ出して、ほとんど夢遊病者のようにフラフラしていた。彼は彼女によって真実に生き得られ、また世の中に立つ事が出来ると思っていた。しかも彼はあまりに情熱家であった。理想家であった。故に彼の失望もまた大なるものであった。一日彼は広い草原の上に仰臥して、空行く雲を見た。雲はいかにもゆったりと流れていた。果てしない大空を思うがままに。その時彼は思った。「俺も雲になろう　雲になろう。そうだ、ただあてもなく歩きに歩いてみよう。そしたらこの悲しみも、また世に生きる苦しみもなくなるだろう。」

彼はその日、雲の行方を慕うて、ブラリと放浪の旅へ出た。彼はすべての苦痛を捨てた。すべての罪悪から遠ざかった。寸陰を惜しむという古人の言も更に必要なかった。ある時は月光明媚、奇岩、青松、白砂を以て鳴る桂浜に遊んで、桂月先生がことを思い出し、佐田の岬にて、周防灘の夕日を見て、その荘厳悲重に感じ、阿蘇霧島に登り、原城の古址を訪い、また中部を去っては熊野に詣で、吉野に遊び、日本アルプスを仰ぎ、富嶽の高嶺を極む。ある時は北国の港に、吹雪に閉じこめられて、木賃宿の炉べりに、老翁の奇しき伝説をきき、追分節を聞き、果ない旅を続けた。

その間にも、彼は幾度雲水を思い断った事があるか判らぬ。それは美しい恋のために、美しい山水のために、将《カツ》美しい人情の為に。あーしかし、彼はついに旅人であった。あの白雲の影を追うて、果てない道をあてなく歩く。そして彼は、白雲が止まり、彼の呼吸の絶える日まで、旅人を希ったのである。

三　電鍵をめぐる秘話

Aは決して電信屋を欲したのではない。また都会へ出る事も望んではいなかった。しかしAは止むを得ず上阪したのだった。Aの家は貧乏だった。そしてAには父がなかった。一人の無能無為な兄と病身の母親がいた。Aは兄とも母とも気が合わなかった。そして家にいるのが嫌でたまらなかった。しかしどうしても都会へ出る気にはなれなかった。それがある年の夏、大阪の叔母が来て子がないので彼が欲しい、といわれて彼は叔母の家へ行く事になった。大阪へ来たものの仕事がなかった。仕方がないから、あっちこちらと探しているうちに逓講を見出して、それに受験した。小学校で何時でもビリだった彼がさいわい合格した。そして六ヶ月を送って電信屋（何故私は電信屋というかというと電信は一つの商売であるから斯く呼ぶのである）になった。身体は小さいが気がきく、正直ではある、するのですぐ任官した。このままで進めば、彼Aは立派な役人になったかもしれぬ。しかし天が許さなかった。主事が代わるとAは見る見る悲運に向いた。どうしたものか主事はAを嫌った。そして小さな失策でも非常に大きく見られた。Aはしかし決して表裏ある人間ではなかった。あくまで正直で通した男だった。Aの周囲の人々は皆表裏があった。しかしそうした人の方がドンドン昇級して行った。Aの気は次第に暗くひがんで行った。Aはついに二年間、何らの昇級も得ずして、依然書証補の一番後にくっついていた。

ある夜Aは考えた。弱いものはどうしても伸び得ぬのだ。もう自分の伸びる芽は摘みとられた。これから違った方面に発展しよう、そう思って叔母の家を出て下宿屋に入った。Aが講義録を取りだしたのは、それから間もなくだった。それについて来る雑誌の奮闘史を見るとAの血はいやが上にも踊った。「東京へ行こう」Aは痛切にそう思った。それからAの局における態度はガラリと変った。Aは多くの事故を作った。またよくぼんやりと空を眺めた。今まで出したことのないブルやヘボを矢鱈に出した。主事にも反抗した。そして日夜煩悶し懊悩した。Aはついに丈余の手紙を東京にいる友に送った。友からは上京しろとの返事が来た。ついにAは上京する事に決して、主事に局を止める旨を打ち明けた。主事は許さなかった。いろいろの事情にせまられて、とどまらなくてはならなかった。私は桜宮にいた頃よく二人で話しながら帰った。その度に私は不合理な官吏生活について考えさせられた。Aは今も淋しい日を送っている。

四　通信正義の為に

本年五月ある文芸誌上で中村武羅夫という小説家が、文壇正義のためにと題して文壇の不良分子見たような、詩人とも小説家ともつかぬ生田春月という男を小非道く責めた。私はそれにならったのではない。私達も講習所時代に、学生正義のために、入浴券問題から会報主任の桐山兄、編輯員の橋本兄、私の局の大空兄等と共に、夜十二時過ぎまでも寄宿舎の廊下で、監事相手の芝居を打ったこともあるから、満更中村氏に真似たものでもない。

然らば通信正義とは如何なる事か？

すべからく銀鳩会を撤廃せよと叫ぶ。銀鳩会は通信界の賊である。電信屋の信用なきは、この会あるがためといってよい。鳩の数の加わるを見て喜ぶ人の心が知れぬ。私は、主事、主任及び三等郵便局長を主とした、通信事務研究会なるものを作って貰いたいと望むものである。しかして従業員たる者はすべてこれが会員とするにある。

然らば研究会の目的は？

それは通信をただ唯一つの事務として、従業員たる者はただ機械的なる現在の通信、是なるものを撤廃して、通信事務なるものを一つの研究物として取扱って頂きたいのである。従業員服務心得にも「その事務の研究に」とかの文句もあるが、文句はただ文句で何にもならぬ。それを活用しなくては三文の価値もない。然るに日本人の短所として、なかなかしっかりした事はいうが、其の実、実行となるとサッパリものにならん。今の内閣でもそれだ。三浦翁が憤慨するのも無理がない。如何なる名法典を編んでも、それを使用するものがユスチニアヌス大帝でなかったなら、東ローマ大帝国の隆盛は見られなかったかも知れぬ。

要するに法文は死も同然、それが人の手によって生きるのである。然るに事務云々も死人同様、ただ、修身の先生から講義の序に聞かされたる文句に過ぎぬ。我々はかくの如き名言を頂いて何故活用せぬか。それは根本を誤った銀鳩会を作るような役人ばかりがいるからである。

知識は学校で得る。しかし学校はこれを活用するところではない。活用する地は社会である。だが社会は活用させようとしない。殊に電信屋においてそれが甚だしい。局ではただそうした人たちを、技術の上手な人、事故の少ない人にしようとしているんだ。そして欠勤なしにまじめに職務に尽せば昇級が早い。要するに型にはまった人を電信屋は要求している。やがては其の人達は局は自分の働き場所、自分の生活の資料を得るところとしてしまう。

そこに何の研究があろう?

どうして興味が湧こう?

そしてついに通信輸送人夫化してしまうのである。そんなところへ上品振った銀鳩会を持って行ったところで何になる。それ位で立派な事務になれるのならこれほど結構な事はない。しかし根本を過ったところにどうして立派な結果が得られよう。それはただ一部の君子によって支持せられるのみだ。私は思う官庁事務の中で最も研究上余裕のあるのは電信であると。機械において、送受において、事務の上において、はたまた語学地理においても。要するに通信事務は諸般の事務の中で最も価値あり、重大なものである。これほど大切なものでこれほど等閑に附せられてあるものを見ぬ。何故かといえば、これに従う者は普通教育も充分でない青二才、即ち講習所を出たものが大部分である。然るに他の官庁は皆相当知識階級者を網羅してあるに比して些か寒心に堪えぬ。社会の神経といわれる通信事務が、この貧弱さでは実に心細い。心細いが故に心強くすべく研究の余地がある。即ち講習所で得た智識は活用するに足らず。これを事務の傍ら補わなくてはならぬ。まず我々は、我々の携わる仕事に就いて疑を持つ事である。何故電報が遅れる?、何故事故が多い?、何故喧嘩をする?、何故己の職業に愛着を持たぬか?、そうした疑問は即時解決せらるるもあり、また地理とか英語(其他語学)、修養は年を経なくてはならぬ。ここに研究が起こる。するとその事務が単なる事務でなく、一研究物として新しい興味が湧く。さすれば愉快である。面白くなる。やがては事務の敏捷、事故の減少となって、立派な神経系統となる事を疑わぬ。しかしてこれが指導者は、主事、主任または三等局長が当り、上司先輩としてのみでなく、共に学ぶ友として、局員の研究挑発に勤むれば、その腕一本で如何にもなると信ずる。然るに現在は実に暗澹たるものである。如何なる精巧な器械を置いたとて、大きな局舎を建てたとて何になる。我々はどうして銀鳩会位で甘じ得よう。すべて彼の如きは即時滅すべきである。

未だまだ私は集配人の事、研究会施設法についていいたい。しかし紙数が許さぬ。また後日論じて見よう。（終）

（「同攻会報」第四号　大正十三年十二月）

（五）冬近き頃

高麗橋局　宮本常一

△日……晴

山茶花《サザンカ》の蕾が次第に大きくなってくるのを見ても、いよいよ秋が終りを遂げんとしているのを知る。今日は宿直だからまず時間はある。ボツボツやることだ。格言に曰く「slowly and steady win the race」とかある。

そこで昼までは英語と幾何をやる。大分興味が出てきた。三越の正午の汽笛までやる。大分頭がだれてきたようだ。早速風呂へ出かける。風呂へはいると我々は、本当に近い我々を見出すことが出来る。第一赤裸々である。平等である。その我々が、我々を美しくせんとする努力を見出す。そして我々が、我等に忠実であるのを見出す。我々がもし風呂へ来た時のような心持ちであったら、我等の世界には怠惰の醜も、虚栄も、また淪落も、偽もないであろう。我々は風呂へはいった時、汚いものは捨てよう、そして美しい己を見出そう。すべての醜を捨てようと思って、一生懸命に垢を落とすのである。故に風呂から上がった時の気持ちは、すがすがしくて何ともいえぬのである。また風呂の中で洗うにも、上下貴賎はない。自動車へ乗る人でも、固い物といったら箸より外に持たぬ人でも、風呂では我々と同じく二本の手を以てゴシゴシやらなくちゃならぬ。

皆一生懸命になってやっている。あーこの心持ちで我々は進みたい。しかし我々はこの美しい人間性を智識の為に掩いつつある。徒らに大臣大将たらんと欲し、大実業家たらんと欲するものはあっても、偽り多い自分から真の己を見出そうとし、人間たらんと欲するものは極めて少ない。極まるところは、我々はこの世へ、美しい人間性を醜いもので掩うて、更にその上に美衣をまといに来ているのだろう。この世に着物がなかったらよかろう。また階級制度がなかったらよかろう。そうしたら幾分でも人間らしい生活が送れるだろう。高位高官の蔭には乞食に等しい男がかくれており、黄金の蔭には野獣のような人間が潜んでいる。また美衣の影には骨とも水とも判らぬ肉体、腫物だらけの肉体が潜んでいる。それを我々は色々な物で包んで美しく見せかけているのである。悲しい哉と叫ばずにはいられない。我々が醜を掩うに美衣を以てせず、美衣をまとわずして美たらんとする風呂におけるような心持ちだったらどうであろう。私はこうして風呂へ来る度にそう思う。

△日……晴

三時起床。宿直は初めてである。眠い事夥しい。少し腹を害しているのでどーも思うように身体が動かぬ。四時からいよいよ一人になる。早速着信原書の整理にとりかかる。腹痛のため中止。懐からカードを出して単語の暗記。鼠が出て来て、主事の机の下で考えている。どんといわしても案外平気である。ジッと見つめていると、考え直したように向うの棚の下へかくれた。

どこかで鶏が鳴く、鶏がこんなところにいるのか知ら。その中に五時が打つ。ハリハスト正教会の上のあたりが白み初めた。勝田香月さんの詩の中に「黎明の曠野に歌ふ」というのがある、大変リズムのよい詩で、明け行く海辺で、度々低唱しては若さを味わったのは、まだ郷里にいたころだが、おぼえているか知らと思って、口づさんでも引かかって出て来ぬ。硝子越にジッと見ていると、何ともいえぬ若々しい力が湧いて出るのを感ずる。黎明は詩だ。希望だ。正教会の十字架が完全に見え出した時、受信器がコツコツなり出した。あーこれから活動に入るのだ。すべては目覚めつつある、暗より明へ、静より動へ。おー若々しい朝がやって来る。

九時退局、十二時半まで寝る。午後気分が進まぬから佐藤春夫の「侘びしすぎる」を読む。

△日……定まらず（天候）

六甲の方が頻りに時雨れている。これじゃもの、寒いのはあたりまえだ。いよいよ冬も色づいた。しかし俺には冬がない。夏がなかったから。そして人々がカルタ会だの何だのいって遊んでいる間が一番忙しいのだ。正月は山とつまれた年始状の中でするとは、郵便局員でなければ出来ぬところだ。結局、俺たちには正月はないのだ。まーまー好い、俺も逓信大臣が目的でないだけ安心して仕事が出来る。安心とはいかぬが、安心に近いところ。僕がコツコツに適せぬのは講習所でマイナスを貰っていた頃からの話で、不能という語は字書になくても、一に一加へて三には成らぬ定理がある。公式がある。まーこんな事をいっている時じゃない。まだ若いのだ。これから逓信大臣に成ろうとなるまいと、また大倉喜八郎のように成ろうとなるまいと、それは問題外の問題である。ただ今の中はコツコツに忠実に敏速正額（？）正確かね。とにかくそれを胸の中に、一生懸命やればよいのだ。

おっと時雨がやって来た。降るふる。午後八時退局。出ずれば実によい月夜である。家の蔭が黒く描き出され、下駄がカラコロと音高く鳴り出したのを聞いて、冬の争われぬを知る。時雨を持って何時バラバラと落ちるとも判らぬ様の雲が月を掠めて飛ぶ。帰って見れば由利君も、もー帰っている。南を開いて物干台に立てば、遠く梅田に汽車の汽笛悲しく、前の桐は一葉をも止めず、死せるが如く立つ。頻りに犬の鳴く声がする。月下の石ころにおびえ啼くのか?。

△日……時雨多し

まだ五時になったばかりだと思う。電燈もともっておれば外も暗い。頻りに雨の音がする。しかしただの雨ではないようだ。霙!? そうか知ら。ついまた寝てしまう。目がさめて見れば、もー電燈も消え、外も明るくなっている。七時近くだ。日曜だからゆっくりしている。朝飯をすましてグラフ製作にとりかかる。昼まではすぐだ。午後弟のところへ出かける。

寒い。大変寒い。しかし海が見たくて堪らぬ。僕は確かにホームシックにかかっている。故郷の夢を見、故郷の秋を思い、老いたる父母の俤を偲ぶとき、私は堪らなく郷里へかえりたい。毎夜、毎夜、床の中で梅田の汽車の笛を聞く、その度に私は闇の中を西へ西へ淋しい旅人を乗せて走る汽車を夢想するのである。

今日もまた故郷の事が思われて、私にとっては貴い揺籃であった海を見るべく思い立ったのである。私にとっての海は無二の友なのである。友達は皆中学へ行く、私は百姓をしなければならぬ、残念だ、無念だ、「今に見ろ」といって泣いたのも三年前の話。それも雪の降りそうな暗い夜の海辺でだった。飛ぶ鷗を見て「俺は若いんだ。そしてあの鷗のように胸を張って、翼を張って、大空を駆けまわるのだ」。そんな事を思いながら本を手にブラツいたのもあの海辺だった。思い起こせば端《ハテ》がないほど沢山な思い出を持たしめた海は、私にとっては本当に慰めの友であり、懐かしい友であるのだ。私は海を見る事によって、私の郷愁は慰め得られると思ったから、海岸行を思いついた。途でキャラメルを買って、懐に一二冊の書をひそませ、家にあった頃、よく海岸へ出て砂浜の上に寝転んで本を読んだ頃の事を思い浮かべて、そうした気分を味うて見るべくユッタリと出かけた。そして色々小説の構想に耽って見た。「海恋」とでも題して、この心持を描き出したらどうだろう。さる小説家は「山恋ひ」という小説を書いて大いに名をあげた。俺にもあれ位文才があったら書いて見るが、俺には文才だとか何とかの持合せがない。

西成大橋を渡って稗島に入る。堤の道を下る事一里近く、時々雨がやって来る。行くに随って風は強く、四囲は荒涼、ただ枯死せる葦の間を流れる一条の青き水のみ、この殺風景を幾分生かしている。颯々の音、葦のザワメキは聞いても寒さを感ずる。海が見え出すと、風は恐ろしく激しく吹き出した。兎もすれば吹き倒されそうになる。烈風々々。やっと渚近くに立った時、私は限りなき喜悦を感じた。しかし烈風のために直立して海を見る事は出来ぬ、僅かに芒の蔭より白く泡立つ荒れ狂ふ海を見たのである。無念の涙をのんで、空しく西海に沈んだ新中納言三位知盛卿の怨霊の為に、ついに再挙し得ざるに至った九郎義経が哀史を綴る、彼の大物浦の遭難は聞いても哀れだが、今その浦を彼方に見る時、彼の遭難の光景が頭の中にクッキリと描き出せる。

やはり海は私をして思索せしめる良友である。

△日……曇

高工跡へ技術の検定を受けに行く。寒くてたまらぬ。ガランとした校舎、校庭を歩き廻わる。硝子障子は破れ、室内は荒れ、壁の落書きも妙に淋しく見える。冒険小説か探偵小説へでも出て来そうなところだ。あーこれも廃墟だ。何かに利用出来ぬか知ら。講習所にしても好いが……。慥かにまだ役に立ちそうである。色々な事を考えながら歩く。
随分な人だから僕の番まで大分ある。とうとう午後三時までかかった。朝から出かけて情けなくなる。これも修業の一つか。試験は不首尾。俺はやっぱり大通信従業者の器にあらず。出でて仰げば鈍色の雲が頭上を掠めて、六甲の山々は今日もまた時雨れている。

諸兄に告ぐ　黒面の志士

「遠ざかるものは日々に疎し」とかいう諺がある。故に我々二十七名は相離れているが故に疎となってよいか、といえば決してそうでない。我々はあくまで結束して、生ある限り講習所時代を思い、互いに助け合って行かなくてはならぬ。この点において我々には十分の可能性があり、また離るべからざるを知る。殊に桐山君の尽力もここに存して我々は永遠に結束すべきに、早や我々をかえり見ぬ人が出来たとは残念である。諸君は、もー少し自己の立場を深く考えて欲しい、そしてこの美しい団体を永遠に培って行きたい。なおまた培って行くべき使命がある事を忘れてはならぬ。実質においては、我々は講習生ではない。しかし我々は講習生で在りし日と同様な心持でありたい。　敢へて告ぐ　右、

（「同攻会報」第五号　大正十四年二月）

（註　「同攻会報」は大正十三年五月、大阪逓信講習所を卒業した松本繁一郎先生のクラス二十八名が、卒業後に発行した謄写印刷の同人雑誌である。卒業して各地に別れた仲間が、お互いの近況を確かめ合い、親睦を深め、励みあって行こうという目的をもって始められた。講習所在学中は級長であり、クラスのリーダーとして面倒見が良く、仲間の信頼

も厚かった桐山栄一が発行責任者として、とりまとめている。桐山は神戸三宮郵便局に勤務していた。奥付が最終号である第五号にしかつけられていないので、発行年月日は正確には分からないが、文中の記述などから推測して、第一号は昭和十三年六月末、第二号七月末、第三号八月または九月、第四号は十二月の発行であろう。桐山を中心に何人かの仲間が原稿集めからガリ版きり、印刷、発送までの全てを、忙しい郵便局勤務の合間に行うのであるから、息切れして昭和十四年二月発行の第五号を最後に、あとは続かなかったようである。宮本先生は印刷等の実務作業には関与していないが、何かと桐山の相談に与り、原稿は毎号出している。ここに収録したのは署名の明確な「私の手帳から」だけであるが、他にM・T生と署名された詩や随想は、ほぼ確実に先生のものだと推測できるが、これには採録しなかった。参考までに第五号の奥付を見ると以下のようになっている。

大正拾四年二月十九日印刷納本
大正十四年二月二十一日発行
編輯人　桐山栄一
印刷人　藤原・杉田・桐山同人
発行人　希望にもゆる同攻会
発行所　神戸三之宮電信課内　同攻会幹部
（非売品）

一年現役兵として八連隊に入隊。昭和2（1927）年8月、20歳

祖父が危篤で退営した夜、神戸で桐山栄一君と
昭和2（1927）年9月、20歳

三等郵便局員

—

「みんなよい技術者になって下さい。出来るだけ努めて下さい。これから世の中へ出て行く諸君は、決して恵まれた境遇におかれはしないであろう。しかしながら、そのあたえられた仕事に諸君の全生命を賭して下さい。」教務主任の口から吐かれる句々は、卒業して行く二百の少年の胸をついた。

「私は今でもあの大正三年の日独戦争の時の事を思い出す。当時私は電信局の一主事として、あの古ぼけた建物の二階で、必死になっていたのです。当時の局員は今以上の惨めさであった。それに勤務時間も今よりずっと長かった。だから戦争が始まって少し景気がよくなると、力のあり、腕のある人たちは、どんどん他へ転職して行ったのです。今日も二人免官今日も三人解職と、局員は日々減って行くばかりです。その中にあって残った人たちは、好景気に伴う電報の激増のため、不眠不休で努めました。全く不眠不休で、眼を真赤に充血させた人たちは、食事と便所の外は、電信機の前へかじりついて、十時間十二時間の勤務をしたのでした。その熱心さ、その忙しさ、私は毎日心に涙しながら、これらの人達を見つめていました。丁度武士が籠城しているような気持ちだったのです。」教務主任はまた言葉をきった。講堂はシンとして、時々遠くに自動車の警笛が聞えるのみだった。

「そしてあの日本が勝ったとの報がとんだ時、平生に二倍する電報の激増に喘ぎながらも、局員たちは我が事のように狂喜しました。一通を受ける毎に歓喜の声をあげるのです。『ああ私たちも仕事の仕甲斐があった』と私は局員たちと肩をたたきあって万歳を叫んだのでした。残った数百の局員！それはみんなこの仕事のために、終始しようとしているだけに、その仕事に報いられた事を狂喜したのでした。報いられた。たしかに私たちは報いられた。皆そう信じて仕事の仕甲斐のあった事を喜んだのですが、世の中の人は決して私たちに報いてはいなかったのです。」教務主任の眼には涙がにじんで来た。

「町は……町は湧きかえるような騒ぎでした。歓呼は到るところに起りました。そして長い旗行列が町から町へ続きました。諸君も知っている通り、電信局は電車路一つ距て、新聞社と向い合っています。旗行列はあの新聞社の前まで来ると新聞社万歳を叫びました。私はその声に窓際へ行きました。この次はこの局の前で万歳をとなえてくれるだろう。……甚だ僭越な考え方ですが、私はそう思っていたのです。

ところがどうでしょう。行列は、私たちの局舎に色々な悪罵を浴びせながら、もう一つの新聞社の前で万歳をとなえるために、橋を渡って行きました。私はその時思はずポロポロと涙を落しました。『へん。電報てえ奴は間違ってばかりいやがんね』『此頃の電信屋は皆目《カイモク》なってへんがな』といったような言葉を耳にした私は、歓喜の世界から失望のどん底へつき落されたような気がしました。少ない人数で不眠不休で仕事をするのですから、一日に何万字と送受する中には、どうしても間違いが生ずるのです。人間が機械でない限り、これは止むを得ない事なのです。しかし世の中の人たちは、そこまで考えてはくれませんでした。否考えてくれないのが本当でしょう。しかしながら血の出るような局員への努力に対して、この悪罵をきいた時、私は残念でたまりませんでした。そして立派な技術者が欲しい、世人から笑われたくないと痛切に思いました。よい技術者を得るためには、一つには待遇をよくしなければなりませんが、日本の政府はそこまで手が届かないと見えます。然る時、残る一つの方法は、やがて生れ出て行く技術者に、よりよい技術を要求するより外はありません。即ち、より徹底した技術者養成の教育があるのみです。この故に私は、一教官として当講習所へ来させて頂いたのです。

過去一年、諸君がここへ入所されて卒業の今日まで、私は時には非道すぎると思う程諸君を激励しました。諸君の中にも私のとった態度を不当と思われた人もあろう。しかし私は今日のこの言葉を聞いて頂きたい為に、あの苛酷と思われる程の訓練をしたのです。どうぞ……どうぞ私の意のあるところを察して、卒業後よき有技者として局員として、社会のために尽して頂きたいのであります。」

一時間ばかりの訓辞は、こうした言葉で結ばれた。この言葉に中には涙をそっと拭うている者もあった。

二

小学校で成績がよくても、勉強する金がない。血の多い少年たちは都会を憧れ、また大きな野心をもえたたせて苦学を夢見る。これは貧乏人の子の誰もが、一度は経験する事である。先生もまたそうした子供を期待して、何等かうまい方法はないかと考えて下さる。金をかけずに勉強する。これは仲々虫のよい話で、おいそれと、そんな口があろう筈がない。と言ったところで二男三男になれば田舎にいても仕方がない。長男だっても小作百姓の子であれば、親は旅へ出て金を儲けてくれる方を喜ぶ。

「へえ、手前の倅は大工にします!」と親にキッパリ言われて先生は、

「大工にするには惜しい。」と頭をひねる。そんなところへ、鉄道局教習所だとか、逓信講習所だとかから、入学募集の規則書が来るとする。

あるいは先生がそんな学校の様子を知っているとする。先生は必ず生徒にこうした学校へ入る事をすすめる。何故って?これは一見きわめて都合よく出来ているから、例えば講習所の方における特典を見ると、入所中月々二十円も支給され、教科書は一切貸してくれて、その上在学一ケ年間に中学三年までの事を教えるとある。こんな話がまたとあろうか。卒業後義務年限が三年もある事なんかは問題でなくなって

しまう。先生から、「行ってみないか」と言われて生徒は必ず承諾する。そして相手が政府だ、問題はない。と断定して行李の紐をしばるのである。天下の秀才はこうして続々とこの特殊学校を目指して来る。そして大半がふるい落される。落された連中はそのまま田舎へは帰らず、職工だとか小僧だとかになってほとんど都会へ止まる。入学した連中は落伍者たちを見返して、ある優越感を味わう。入学者と落伍者と、何れが幸福であるかなんて決して考えない。彼達の頭の中で考えている事、彼達の行手には高等官何等があるのみである。一少年がある局へ採用されるにあたって、その局の主事に、

「僕がこの局に勤めていたら高等官になれますか?」と問うたそうである。主事は答えて、

「そうです。なれます。しかしまたなれない事もあります。例えば私をごらんなさい。私も高等官になろうと思って局へ入りました。しかし今の私には到底高等官になれる見込はありません。」と言ったとか。恐らくこの主事も、彼の前にいる少年を見、自分の少年の日を追懐しつつ言ったものであろう。

かくの如く血の多い少年たちにとって、高等官になる事は何でもないもののように考えられているのである。殊に講習所へ入って来た連中のほとんどは小学校の先生から将来を嘱目された秀才である。ある講習所のしらべによると、春四月の入学者の八〇%までは小学校時代の優等生であったそうである。誠にたのもしい限りであって、彼達はそれぞれ成功する自信?を持って来たのである。

倉田はその入学者の中の一人だった。そしてまた最初にその自信をぐらつかせた少年だった。というのは、彼にはあのトントンツートンという技術が皆目出来なかったのである。送信の方はどうにか間に合わせていったが、耳が悪くて歌の下手の者のほとんどが、受信に適しない如く、彼も小学校で唱歌が乙。それがてきめんにこの受信の上にあらわれて来た。しかも一字誤受すれば十点ひかれるのである。彼はよく

十字以上を間違えてはマイナスをもらった。マイナス組は多くの場合技術に望みがないとして退学させられる。彼の周囲から何人かの友が、こうした障碍のために、泣きながら去って行った。彼はその度におびやかされた。

「今度は俺だ⁉」彼は毎週行われる小試験毎に、そう思いつづけて、少しづつその自信を砕いて行った。高等官よりも技術の出来ない事にどれほど苦痛を感じた事か。けれども幸にして、卒業だけはさせてもらう光栄を得たのである。

彼はポロポロ涙を流しながら、教務主任の訓辞をきいていた。よい技術者、立派な技術者、それは彼からは縁遠い世界であった。

三

川堤の枯草の中から新しい芽が、一雨毎に青く吹き出て、堤は行楽の人達で賑わい、花の噂も人の心をのんびりと、春は甘い感傷と、薄桃色の夢にふけて行きつつあった。講習所を巣立つ二百の少年たちは、そうしたうららかなある日、川に沿うた小さな駅から、それぞれの目的地へ向って散って行った。ある者は日本海岸の小さな町へ。ある者はまた紀伊の南端に近い太平洋に面した小さな漁村へ。ある者はその故郷へ。ある者は見も知らぬ山の中の寒村へ。……が大部分は市内にとどまって、誰もが入学当初から、ひそかに希望していた中央電信局へ入る事になっていた。

倉田はこれらの市内へ残る希望ある人たちや下級生に送られて、その小さな駅から山の中の小さな町へ旅立って行った。

「向こうへ行ってからも、度々通信をたのむよ。お互いにしっかりと力を合わして行かねばならぬからね。」と別れる時、市内へ残る組長の志村が言った。

「ああ、よろしく頼みますよ。僕もしっかりやりますから。」

「そして、来年あたりは、こちらの方の局へかわるようにしっかりやり給えな。」

志村はこう言って別れを惜しんだ。同じ汽車の中には、やはり田舎へ行く同期の人たちが沢山乗りこんでいて、プラットホームはこれらを見送る人で一杯だった。

「じゃあさようなら」

「さようなら」

送る人、送らるる人、お互いに帽子を振り合って、別れを惜しんだ。汽車はゆるゆると構内をすべり出た。汽車は高い堤の上を走るので、車窓から屋根越に、一年間学んだ学校の屋根が、かげろうのゆらゆらもえ上る中に見えた。町を去り行く人たちは何時までも、その屋根をジッと見つめて、限りない追憶に耽っていた。遠い屋根の波の向こうにそびえる城趾には、今日も春をことほぐ人達が、沢山のぼっていて、そのうごめくのが、かすかに見えた。

次の駅で倉田は、田舎の方へ行く汽車に乗りかえるため汽車をおりた。汽車の中の友達はまた彼に帽子を振ってくれた。

彼の乗りかえた汽車は、十九世紀の遺物のマッチの箱のような型で、省線でしかも大都会から流れ出る汽車にしては、あまりにふさわしからぬものだった。鉄道省が、その沿線の農民たちを侮辱しているのか、それとも経費がないのか、市と第二次都市をつなぐ、二十幾條の電気軌道を持つ、この大都会にしては、全くあまりにナンセンス味たっぷりのものだったが、それでもまたそれにピッタリ合うような人たちの多くが、その乗客だった。大きな声で遠慮なく語り合う人たち、鼻唄をうたっている若い衆、あるいは桜見物に出かける幾人かの人を乗せて、汽車はカッタンカッタンと、子供が歩く程の速さで、レールの上をすべった。そして時折、菜の花の香の高い、小さな野の中の駅へとまっては、町から連れて来た人たちを置いて行った。

野がつきて、低い丘陵にかかる前の駅で、客のほとんどは降りてしまった。倉田は広い客車にたった一人残された。そこからは、駅と駅の間隔もかなり遠くなって、車窓から見える風物にも変化があった。彼は窓際によって、ボンヤリと窓外を見ていた。段々畑や、松の林や、あるいは花の散った桃畑が、来り、そして去って行った。ひばりの声が聞えたかと思うと、すぐその声も後へ残されてしまった。

卒業式がすんだら、二三日でもよい、故里の方へ帰ってみたい、と思い続けて来た彼であったが、すぐ赴任せよとの言葉に、彼は卒業式がすむと出かけて来たのである。彼は頭の中で故郷の海辺の事などを、思うともなしに思い続けていた。恐らくは、海も春凪にないで、白い帆が沖の方に眠っていよう。そして祖父は、あの海にのぞんだ崖の上の段々畑で、麦の中でも耕《ウ》っている事であろう。

「じい弁当を持って来た。」そう言って小さな男の子がうす汚い風呂敷の中へ重箱を包んだのを提げて、畑の畦に立っている。……否、祖父は、その弁当を持って来てくれた男の子が、もう一人前になりかけて、郵便局員として勤めている姿を、頭に描きながら、鍬をふり上げている事であろう。

汽車が駅へとまった。彼の箱へは誰も乗り込んでは来なかった。彼はゴロリと坐席へ横になった。黄色の蝶が窓から舞い込んで、ヒラリヒラリと輪舞した。彼はまた卒業式の様子をもう一度あたまへ描いて見た。

ピリピリと発車の汽笛がなった。汽車はまた走り出した。憂欝な車輪の音が、彼の耳をついた。カッタンカッタン。

四

「兎も角、局へとまり込んで貰う事にしましょう。」三等局長は口髭をひねりながら言った。

「はあ……」倉田は「日給七十銭を給与す」の紙片を見ながら言った。

「そのかわり下宿代は安くしましょう。大阪や京都あたりだと、どうしても二十五円はとるそうだが……このあたりでも十八円はとる。が給料もそう高くないのだから、十六円という事にしておきましょう」

「はあ」

「で精々やってもらいたいのですな。何分講習出は君ともう一人いるだけだから。しかしもう一人は女で、その上通信生養成所といった頃に出たので、六ケ月しか勉強していない。結局君はこの局では一番長く学問しとるんじゃから、皆の模範になって貰わにゃいかん。」

「はあ……」

「世の中は日進月歩じゃ。しかし局の者等はあんまり進歩せん。不平だけはよく言うがね。それは一つ君が手本になってなおしてもらわにゃならん。わしは君を期待しているでな。」

「はあ……」

「そのほかの事は追々とまた言おう。」

「はあ」倉田は何かしら圧迫されるような気持ちできいていた。そして肩の荷が急に重くなるようにさえ思われた。彼は局長に伴われて事務室へ入った。彼が局へ来た時、迎えてくれた女の事務員は、電話の交換台の前へ坐っていた。

「この女《ヒト》が例の養成所を出た杉山さん。……こちらが新しく来た倉田君……」局長が紹介した。倉田はだまったまま頭をさげた。女は、

「私杉山と申します、どうぞよろしく。」と言った。

局長は次いで受付にいる男を紹介した。鼻の低い頬骨のかさ張った、顔の面積の広い男で、木村といった。

「このほかに配達の方が二人、君とあわせて五人いる訳です。」と局長は言った。彼の居間は事務室の隣で、古い畳のしかれた四畳半だった。彼はそこへ行李の紐を解いて、局員としての生活を始めたのである。

翌朝彼が事務室を掃除していると、まず杉山さんが顔を見せた。寝不足らしい腫れぼったい眼をして、

「倉田さん、掃除なんか、止めちまいなさいな。今からそんな事をしていては身体が続きませんわ……」

と倉田が掃除するのを椅子へ腰かけたまま見ながら言った。

「はあ……でも今暇ですから……」倉田は掃きながら言った。

「だめよ。今にきっと掃除なんかやめてしまうでしょ。……これ今いて?」女は拇指を出した。

「局長さんですか?」

「ええ……」

「いえ。今朝早く出たようです。」

「山の神は?」

「山の神って?」

「お・く・さ・ま・ですよ」

「います。台所の方でおしまい事でしょう。」

その言葉に女はニタリッと笑って、

「仕事をやめてこちらへお出でよ……」とまねいた。彼は何だか恐しい気がしながら、

「はあ……でももう少しですから……」と手をやめなかった。

「いいのよ。そんな事なんかまでしなくたって、ハゲ（局長）にさせたらいいわ……ね来なさい。」女は命令的に言った。倉田は仕方なしに女の方へ歩いた。

「あんた未だねんねねえ。私どうもしやしませんよ。私もうお嫁さんですから。それよか、あなたに注告してあげたいのよ。」美人という程ではないが、丸顔で、瞳がぬれたようなところがあって、男好きのする顔が、彼の眼の前でまたニコッと笑った。彼はうつむいて立ったままだった。

「あんたよさそうな人ねえ。あんただったらハゲのどんな命令でも聞きそうね。でも聞いちゃあ駄目よ。あんた給料いくらだったの？」

倉田はその言葉にドキッとした。講習所にいる時ですら、一日に六十八銭給与せられた。しかし局員としての彼は、それより二銭（一日に）多く得るに到ったにすぎぬ。市内へ残ったものは一円から一円十銭までだ。と彼は聞いていた。自分のみが安い給料に安んじるのは不満でもあったが、それも自分さえ忍んでいれば済む事だと彼は思っていた。しかし他人から聞かれるのは恥しく、また苦痛だった。

「ね、いくらだったの？」女は更に追及した。

「七十銭です」彼はつい言ってしまった。

「まあ……あなたそのまま黙っていたの？ いえ、あなただったら黙ってるわねえ。私だってそうだったから。ハゲさん人を馬鹿にするにも程があるわ。私なんか女郎同様に取扱われて、最初四十五銭だったの。でも食い扶持は取らなかったけど……」

「……」

「で、食い扶持をいくら取るの？」

「十六円です。」

「おやおや。それでは残るところ五円ね。まあ馬鹿臭い……」

「でも仕方がないんです。僕技術が下手なんですから……」彼は涙ぐみかけて言った。

「あなた本当に人のいいおぼっちゃんねえ。いえ、私だって、こんな風ではなかったんだけど……。そりゃあひどいのよ。ハゲさんはね。見ていてごらんなさい。局の仕事のほかに、子守から風呂焚きまでさせられますから。またあの山の神がズケズケとよく子供を産んで、もう八人目を孕んでいるんですって。一番上は大学へ行ってるのにねえ。だから色々用事をさせられるわ。けどあなたは私より一つだけ御難が少ないわ……それだけ好いわけね。」

「はあ……。御難ってどんな事です？」倉田はきいた。

「御難!?ホホホホホ。そんな事言えませんわ。でもハゲさんとても助平よ。」

「ウフ」と倉田の後で笑った者がある。木村だった。

「兎に角倉田君は男だけに御難が一つ少ない。」

木村が言った。倉田はボンヤリながら、それが判ったような気がした。そして淋しく笑った。

「君があの部屋へ入る前、実に長い間、あの部屋へ杉山さんが巣喰うていたんだよ。ところが杉山さんが嫁さんに行ったんだね。であの部屋が空いて君が代ったまでだ。ところで君は夜の電報と電話の取扱をせねばならん。杉山さんの場合は未だその上仕事があった。……と言う訳だ」木村はこれだけつけ足して受付へ坐った。

「木村さん。この人七〇《ナナマル》ですって――」杉山さんが言った。倉田は遠慮なく言ってのける女の言葉に真赤になった。

「へえ……。で君だまっていたのか。馬鹿だなあ。あの局長何年勤めたって給料はあげてくれんのだぜ。言ってやれやれ。僕たちゃあね、僕と杉山さんと、遂この間首を斬られた須川って男と三人で文句言ってね。三人一緒に八十銭だ。しかしそれから三年になるけど一ぺんも上らん。君なんか黙っていたら一生上らんぜ。俺一つ言ってやろか……」

成程局長が言ったように不平分子ばかりだった。

「いえ……僕は……僕はいいんです。」そう言って倉田はまた掃き出した。

(俺はどんなに不遇であっても堪え忍ぼう。それが正しい道だろう)そう思いながら手を動かし続けた。

五

現実の世界は、今まで倉田が頭の中で描いていた世界と全然違っていた。講習所時代には退学させられる事を常に気にしながらも、親切な友が周囲からはげましてくれた。殊に組長の志村は、彼と最も仲がよく、彼が危く退学になろうとした時も、担任の教官に泣きついて、彼を退学から救うてくれた。そしてともすれば、崩れ行こうとする野心を、希望を、守り立てて来てくれたのも志村であった。しかし局には志村のような男はいなかった。

彼はごく最近まで杉山さんが着て寝ていたであろう、女の体臭の仄かに着いた布団にくるまっては暁方近くまで考え込む事があった。

そんな時けたたましく鳴る電話のベルや、カチカチという電信機の音は、彼を重苦しい空気から救うてくれた。

「俺は温泉町へ行くんだ。毎日温泉へひたられるぜ」と言って田舎へ行く淋しさを自ら慰めていた相川や、「俺の局の前には大江山が聳えているんだって、すばらしいではないか」と山の中の寒村へ去って行った小牧、「あーあ、俺は島流しだ」と悲観しつつ四国へ渡って行った男。それらは今どんな生活をしているのだろう。みんな、その逝こうとする少年の日に淡い哀愁を覚えて、コツコツとやっているのだろうか。

倉田は別れて行った一人一人の姿を頭の中へ描いて見た。

花のうわさも何時か人の口から消え、若葉が明るい太陽をうけて、グングンと空へ向って伸び始めた。月は五月から六月へかわろうとしていた。そうした日彼は初めて給料というものを貰った。大枚四円某《ナニガシ》。しかもその金は彼の手には一文も残らなかった。局の事務は配達夫まで加えた五人では少なすぎる程、輻輳していた。事務の方だけでももう二人十分必要だった。しかも倉田の受持が一番厄介だった。それは、特殊郵便、小包、電報の受付送受信、切手類の売捌きで、事務に慣れない彼はよく計算違いをした。夜の締切の計算の時しらべて見ると、必ず、何銭か損をしていた。その弁償は当然彼が負うべきで、貰った給料も、その穴埋めに消えた。

「倉田君は一文も残らんのか?」木村が気の毒そうに言った。

「その中事務になれますよ。私もずいぶん損をしましたから……」杉山さんがそう慰めてくれた。杉山さんもこの局へ来て二年ばかりは、倉田のしている仕事をやっていたのである。

「でも、いい事を教えてあげましょうか」女は沈んでいる彼のところへやって来た。

「あのね、使い古しの切手をもう一度貼るんです。消印の墨を濃くしてベタリとやったら判りはしませんわ……」

「馬鹿な。そんな事が……」倉田はカッとなって立ち上った。

「まあ、おこったの……。すみませんわ。でも私ずいぶんやったけど判りはしなかったわ。」

「そ、そんな……」倉田は口ごもった。

「かまうもんか。やれやれ。但しこれは極内密だぜ。」木村が言った。幸い受付には誰もいなかった。

「この局ばかりか、みんなやっているんだぜ。君安い給料で追い使われてるんだ。それ位の事をやったってかまうものか……」木村は更に言った。

「本当にあなたはお坊ちゃんねえ」杉山さんが困惑し切った倉田を見て言った。

「局長はね。逓信局の監視員がやって来るとね。まず駅へ迎えて料理屋へ連れて行って、それからここへ連れて来るんだ。誤魔化しているんだからなあ……それでなくて君、長男と二男を大学、長女を女学校三男を中学と、四人も一時に勉強させられるものではないぜ。一人月に五十円と見ても二百円は要らあね。地主で僅かばかりの収入で、そんな事をしたら、大きな借金だぜ。それが借金にならんのはこの局でいい儲けをしてるからだ。随分俺たちの血を絞ってるんだ……。」

倉田は黙ってそれを聞いていた。そして俺だけは、俺だけはそんな不正な事はすまいと思い続けた。

「あ、もう八時だ。杉山さん帰りませんか。」

木村が立ち上った。

「じゃあ後を頼みますね」杉山さんも立ち上った。倉田は電燈の下にうなだれたままだった。

出て行く二人は何時になく元気だった。懐が暖いからだろう。

ポタッと膝の上におちた涙がそのまま着物に吸い込まれて行った。

局から半町ばかり先を流れている大きな川が、ザーッと音をたてているのが、静かな夜のたった一つの音だった。

六

志村から同級の平岡が死んだと言って寄越したのは、六月へ入って二三日たったばかりの時だった。平岡は急性な肋膜炎にかかって十日足らずで倒れた。これが彼等のクラス二十名の中の最初の犠牲者であり、同時に同期生二百人の最初の犠牲者でもあった。で志村からは、平岡に香典を贈りたいから、五十銭送ってくれ、自分の手許でまとめて、自分で持って行く、と言って来た。しかし倉田には一文の金すらもなかった。仕方なしに彼は木村に頼んで見た。

「なあに君、こうすればいいんだよ……」と言って到着している小包の消印せられた切手を、二三枚剝いで、倉田が受付けて、未だ処理してない小包の二つ三つへ貼った。そしてポンポンと消印した。

「これで五十六銭の儲けです。さあ……」切手の入れてある一番下の引出から金を出して木村は倉田に渡した。

「いやだ……」倉田は真赤になって言った。

「おこったのか。そう聖人ぶらなくてもええや。」木村も渋り切って言った。丁度昼すぎだったので、人は来ていなかったし、局長の一家も奥の方でガヤガヤ言っていた。そして誰も気付いた風ではなかった。倉田は金をまた引出の中へ落して、再貼のしてある符箋紙を引きちぎった。そしてホッとしたのではあったが、何となく心が引出の中に残った。

「俺には香典なんて送る金はない。志村君にその訳を言って謝そう。」彼はそう考えて見た。その午後はその事が頭へ一杯で、まるで宙を踊っているような気持ちで仕事をし続けた。けれどもたった五十銭をさえ送れない自分が寂しいものに思われもした。

「切手の再貼って、みんながやってるんだぜ」と言った木村の言葉が、彼の頭一杯にひろがって来た時、彼はあわてて、それをもみ消そうとしたが、どうしても消えなかった。

「日給たった七十銭で、風呂焚までさせられて、黙ってるあなたは本当にお人好しね。今時、日傭稼ぎでも一円五十銭は貰いますよ。配達夫を見てごらんなさい。二人共一円ですよ。年もとってはいるが……」と言った杉山さんの言葉も思い出せた。その時、

「馬鹿な。僕は給料で仕事はしていませんよ。僕たちはこれを天職だと思ってやっているのです。食える、食えぬは問題ではありません」

と言った彼ではあった。

午後の忙しさが去って、斜陽が、硝子障子越しに室内へ流れ込んで来た。倉田は奥さんの用事を承って、

女学校へ行っている女の子へ送るべき荷を、駅まで持って行った。（女の子は京都の方で兄達と一緒に勉強しているのである。）

その間小包や電報などの受付は杉山さんがしてくれていた。彼が局へ帰ると、木村も杉山さんも何時もとは少し早目に帰って行った。

夜の締切の時になって計算してみると、どうしたものか、切手の売上と、金高において、金高の方に六十銭ばかりも余剰があった。彼が受付をし始めてそんな事は今までに一度もなかった。正午すぎの木村が変な事をした時には、すぐ自分で、もとのままにしたのであるから、こんなになる筈はないと思った。

「杉山さん⁉」彼の頭にさっと閃いて消えた。彼の心の中には大きな渦がまき始めた。がとうとう余剰の六十幾銭は差引いて、帳尻をあわせた。

そして、

「俺は卑怯だ」

「かまうものか」がフラッシュバックのように、眠りに入ろうとする彼の頭で、あわただしかった。

その翌日、杉山さんも木村も彼には何とも言わなかった。よしそれが杉山さんの好意であるか、あるいは自分をして彼女たちと同じような道を歩ませようとするための手段であったとしても、倉田自身は、二人から何も言われない方が嬉しい気がしたし、また言われるのを恐れた。

そして「俺は罪を犯したのではない」と心の中で言ってみた。しかしそれはすぐ崩れて行く言葉にすぎなかった。

『爪が一本罠にかかっても、もう小鳥の命はお終いだ』（「闇の力」トルストイ）

七

あなたの好きな南風がまた吹き初めました。もうすっかり初夏でございます。昨日も今日も、浜へ出て夕方の一時を風になぶられながら波の音をききました。波がザーッと寄せて、サーッと引いて行くたびに、礫がカラカラ、カラカラと気持ちよい音をたてて、ころびます。まんまるな礫……。信ちゃんはあの音が好きで、よく私を浜へ連れて行ってくれましたね。そうれまたカラカラと音がするよ、と言って、波の寄せる度に、渚を指した信ちゃんの姿が今でも目に見えるようでございます。……。

倉田はお絹からの手紙を電燈の下で読み続けて行った。（もう南風が吹く頃になったのかなあ……）と思いながら、礫ばかりの浜に坐って、ボンヤリと沖の方を見とれているお絹の姿を頭の中へ描いて見た。お絹は倉田と同年で隣家の娘である。大抵の家の娘は紡績女工か、下女奉公に出て行くのだが、母のない彼女は、家へ残って煮焚きをしているのである。

……それにしても、信ちゃんはもう立派な官員様でありながら、金をちっとも送らんが、あるいは放蕩でもしているのではあるまいか、と今日もお婆さんが来て言っていました。私は、そんな事はありませんでしょう、信ちゃんのように立派な、心の堅い人は、放蕩者になろうと思ってもなれません。旅にいるのだから、お金も沢山要るのでしょうと言っておきました。するとお婆さんは、そうそう、あれに限ってそんな事はあるまい。あれは仲々気立のやさしいええ子じゃよってに、そんな事はあるまい、がつい色々案じていると、悪い事でもしているのではないかと思われてな——と言って帰えられました。

倉田は読んでいて顔の赤くなるのを感じた。そして何故かしら責められるような気がした。

……私も信ちゃんが立派な人になるのを心から祈っています。それから、これまでも度々書こう書こうと思っていたのですが、何だかきまりが悪くて書けませんでした。けれども今日おばあさんから、お前から様子が聞けたら聞いてくれんか、と言われたので、書いてみたら案外スラスラ書けました。だから、これからは度々こちらの様子を知らせてあげようと思います。この間もおじいさんが、海ばたでも、もうこんなに蚊が沢山いて困るんだから、信一らは山の中にいるちゅう事だから、ずいぶん蚊に困る事だろう、と言っておられました。おじいさんも、おばあさんも、信ちゃん信ちゃんと言って、あなたの事ばかり心配していますから、時々様子を知らして安心させてあげて下さい。

では、暑くなりますから御身御大切に。

かしこ

キヌ

倉田信一様

御許に

なお近頃お針の稽古に行っていますがこの間父からお金を頂きましたので浴衣地を買って縫って送りたいと思っています。下手でも笑わないで着て下さいませ。これは誰にも内證。

彼は長い手紙を何遍も繰返して読んでみた。あのやさしいお絹が、白い前掛をかけて、風呂敷包を抱いて、お針の稽古に通っている姿が、眼前にうかんだ。

「お絹ちゃんなんか、世の中がどんなか、ちっとも知らないんだなあ、そして僕がどんな生活をしているかも……。僕が夕方になると子守させられる、と聞いたら、どんなに思うだろう。奥さんの走り使いにやらされると聞いたらどう思うだろう。」倉田は手紙を投出して天井を見た。がまた急に手紙をとりあげて、キヌと書かれたところへ口づけてみた。

「そうだ僕は僕の生活を堕落させてはならぬ。木村君や杉山さんの仲間へ入ってはならない。僕には、本当に心から僕を思ってくれている人がある。その人の為にだけでも、僕は僕を清く持して行かねばならぬ。僕はよき局員であらねばならない。」と心に誓っても見た。が暗い闇がヒタヒタと押し寄せて来るような気がした。

「いや!」彼はそれを否定してもう一度、手紙を読んでみた。

八

八月へ入って、志村からまた同級の北尾が、脚気衝心で死んだ、香典を贈りたい、と言って来たが、倉田の手許にはやはり金がなかった。で彼はもう思い切って志村たちとは通信を絶つ事にした。ついで志村は同級生が段々疎遠になって行くが、我々は結束して行かねば行かぬ。そのために雑誌を出したい。出来ればいくらでもよいから会費を送ってくれ、と言って来たが、彼は沈黙を守るよりほかになかった。しかし祖父から言って来た金の無心だけはだまっている訳には行かなかった。祖父からは、頼母子金が十円要るのだが、出来れば送ってくれとの事であった。彼はしかしそれどころではなかった。字はやはりお絹の字だったが、その時ばかりはお絹がうらめしくも思われた。彼は正直に何も彼も書いてやろうかとも思ったが、お絹にそれが知られたくない気持ちだった。しかし十円という金がどうして出来よう。木村がいない時、彼は杉山さんにその事を打あけてみた。

「十円?」

「ええ」

「それ位の事で心配してるの……。まあ、気の小さい人。私貸してあげますわ……」と女は意外に素直だった。そして、お絹からの手紙を見ていたが、

「え、あなたの好きな人?」と杉山さんは例の調子で遠慮なく言った。

「ええ、いいえ、これ僕と小さい時からの友達で、隣同志の子なんです。」

女は「キヌ代筆」という字をジッと見つめていたが、

「そうお……」と返事をして「でもね、初めての恋人と結婚出来る者が一番幸福でしょう。ホホホホホ……倉田さんなんか、十年も先の話でしょうけれど……。」といかにも言い過ぎたというように口をとじたがまた、

「私のようになっては駄目よ。すれてしまってね。……好きな人とは自分の意志が弱いために別れねばならなくなるし、いやな人から、やっと逃れて結婚してみれば、男は梅毒《カサ》かきだし……。私また近い中に一人になるの……。倉田さんなんか聞いたら、あきれるでしょう。女は職業婦人なんてものにはならない事。」

倉田はだまって聞いていた。

「でもね、妙ねえ。倉田さんが来た時から、倉田さんにだけは、何でも打あけて話されるの。どんな秘密でも。倉田さんなんか、好きな人を、きっと離さない事。私が注告してあげますわ」

「ありがとう。」倉田はくすぐったい気持ちで言った。その翌日、杉山さんは十円持って来て、貸してくれた。彼はそれから杉山さんを何となく姉のように、また母のように思い始めた。なる程今まで杉山さんは何でもよくズケズケ言った。

それがしかも耳を掩うような卑猥な事や、醜い話や、顔をそむけるような話まで。（木村がいない時に限って）。時には恐しく自棄気味な事も言った。倉田はその度に恐しい気がした。しかし自分に対して深い好意を持っている事が判り始めてから、彼はその胸に抱かれて、思い切り泣いてみたいような気にさえなった。彼は母の愛を知らない。父は彼が生れる前に、工場のベルトに命を捧げ、彼の母は、彼を生むと間もなく死んで行った。そして彼は田舎の祖父母の手で成長して行ったのである。だから彼の一つの希望は、ふくよかな母の胸に抱かれて、子守唄がきかせてもらいたい事であった。木村がいない時、ともすれば、彼は杉山さんの顔を見つめては、甘えてみたいような気持ちになった。

がある晩の事であった。彼は意外なものを見せつけられた。彼が奥さんのお使いを言いつかっての帰り道だった。彼は川堤の道を歩いていた。暗い川の方から吹いて来る風が、本当に涼しくて、袂は風になぶられていた。浴衣一枚の身軽るさ。夏の夜は官能の臭い深く更けて行きつつあった。しかも川堤には涼む人の影も少く、流れの音が、冴やかにひびいて来るのみだった。

と、突然彼の歩いている二三間前の、川の方側の草叢が、ガサガサと音をたてたかと思うと、白い影が道の上へ立った。そして、

「馬鹿々々」と言いながら、向うへ走って行った。女の声だった。彼はハッとして、すぐ傍の樹蔭へ身を寄せた。すると後からまた一人、走り上って来て低いしかし力ある声で、

「ミチさん」と走り去る影を呼んだ。その声はたしかに局長だった。

（ミチさん!?杉山さん!?）彼は頭の中でくりかえした。彼は全身の血が一時にとまってしまうような気がした。

九

「宏さん何してる?」風呂から上った倉田が事務室へ入ってみると、今年三年生の局長の四男が、切手の入っている箱の、一番下の引出をあけて、手をさし込んでいた。そして彼の声にハッとしたらしく、素早く手をひっ込めて、カチリと引出を差し込んだ。

「何してたんです」倉田は大きな瞳をしてこちらを見ている子供に言った。

「ボク何もしない」子供は彼を寄せつけまいとするように擬勢した。

「何もしない!?嘘を言いなさい」

「嘘言うもんか」

が子供はそっと左手をうしろへまわした。

「嘘でない!?じゃあ何故引出をあけていたんです」

「知らない……」

「知らないって……。何か盗ったんでしょう」

「とるもんか」

「じゃあ何してたんです」

「何もしてはいないってバ……」子供の目が、かんしゃくで光った。

「左の手に何があるんです」倉田はやや怯んで言った。子供に泣かれでもしたら、また奥さんから、大目玉である。

「知らない……」

「でも……ねいい子ですから見せて下さい。何も言いはしませんから……」

「お父さんに言わないかい」

「誰にも言いません」

「本当!?」

「ええ決して……」

子供は左手を出した。掌には十銭白銅が光っていた。瞬間、彼は子供をなぐり飛ばしたい衝動にかられた。

(此奴だ。この小童が、俺を苦しめ続けていたのだ。)

「よろしい行きなさい」彼は叫ぶように言って宿直室へ駈け込んだ。

(彼奴だ。あの小童が、盗んでいたんだ。だから計算がどうしてもあわなかったんだ)

「そうだ、明日局長に言ってやろう。」彼はこの上もない侮辱をうけたように思われてならなかった。部屋にいてもジッとしていられないような気持ちにかられて、何も彼も破壊してしまいたかった。

折よく電報を送って来たので、彼はそれを受信すると、外へ飛び出した。夜間の電報配達はほとんど彼がしていたのである。彼はそれを宛名の家へ持って行くと、一人河原の方へ歩いて行った。天の河が西に流れて、星が冴えていた。そして草叢には虫がしきりに、恋をささやいていた。彼は河原を長い間さまようた。そして僅かな金にすら、こうまで苦しめられる自分を哀れに思わずにはいられなかった。

「そうだ、俺はこんな世界にいては何時までも苦しむばかりだ。勉強してこんな世界から足を抜こう。専検。裁判所書記試験。普通文官試験。何でもいい。そうしたものを抜いて、こんな世界を抜け出そう。」

彼は決心して杉山さんの家の方へ歩いて行った。

杉山さんは丁度家にいた。そして彼を快く迎えてくれた。

「一体どうしたの。青い顔をして……」杉山さんは肩へ手をかけて言った。

「僕、決心しました……」彼はそう言って、彼女の前へ坐った。

「金の不足する事も今判りました。僕はあんな局にいたら破滅するまでです。僕は局を出る事を決心しました。」

「まあ……また金の事が心配なの……。でも折角ハゲさんや山の神から得た信用を捨てて⁉。山の神が、あなたをほめていましたよ。今時に珍しい人だって。私にも判ってるわ……」

「いえ……。僕今出ようとは思いません。勉強してからです……勉強して試験をうけて……」

「そうお。それがいいわ。その方だったらいいわ。でもあなただから、あの山の神の侮辱を忍ぶんだわ。えらいわ。私山の神の仕打が癪にさわったばかりに、身を滅してしまったの。つい意地になってねえ。いいわ、いいわ。あなたの考えに賛成するわ。ええ、立派な人になりなさい。そしてあなたの好きな人をしっかりと抱いてあげなさい。でも……でもあなたは気が弱すぎるわ。それがあなたを亡ぼす因になるわよ。ね……」

「ありがとう。僕、僕どんな事があろうとも、これから力一杯やります。そして……そして……」

倉田は急に口ごもった。

「そしてどうなの?ね、そしてどうなの」

「あの……あのあなたを姉さんと呼ばして下さい。……」倉田は真赤になって言った。

「まあ……。まあ本当。私……」

彼は初めて暖い女の膝の上に、思うだけ泣いた。そして誰にも打ちあけた事のない、その生い立ちや、今夜の出来事までも細々と、本当に姉に聞いてもらうように話した。

「あなたはきっと、あなたの目的を遂げますわ。そしたら、お絹さんを本当に可愛がってあげなければいけませんよ。私も出来るだけ骨を折ってあげますから。……本当にあなたは純ねえ……」女は倉田の涙を布いてくれた。

十

倉田が局長の居間から出て来た時、木村が不安な顔をしてきいた。

「どうだった?」

「懲戒免職だ……」倉田は吐き出すように言った。

「え?」杉山さんの顔がサッと青ざめた。

「あれしきの事にか?」木村が聞いた。

「しかし不正な事には違いない」倉田は涙のあふれ出そうになる眼を天井へそらした。

「そして僕の事も言ったのか?」木村は不安そうな顔を止めなかった。

「いいや。何にも」

「そうか。本当か。……ありがとう」

倉田は木村の現金な態度に唾棄したい気持ちになった。

「まあ、ここへおかけなさい」杉山さんは彼に椅子をすすめたが、倉田は立ったままだった。

「君いくら程再貼してたんだね……」木村がきいた。しかし彼は答えなかった。

「ね木村さん。今そんな事を聞くもんじゃあありませんわ」杉山さんにたしなめられて、木村は葉書の区分棚の方へ行った。

「あなたもう宿直室でお休みなさい。そして短気を起さないように、よく頭をお休めなさいね」杉山さんは立ち上がって倉田の肩へ手をかけた。彼は杉山さんのするままにまかした。

「君は、君はわしの顔へ泥をぬったな!」局長の恐しい顔が、払いのけようとする頭の中へこびりついてしまって、彼は宿直室にいる事にさえ焦燥を感じた。

杉山さんは局長のところへ交渉に行ったが、間もなくやって来て、逓信省の方で再貼を発見されたのだから、内密では済まなくなった。しかし気を落すのではない、と慰めてくれた。そして、

「もとを言えばみんな私が悪かったのだから」と言って、涙ぐんだ眼でジッと彼を見た。

その夜杉山さんは家へかえって床についてからも、倉田の事を考え続けて、どうしても眠れなかった。

十二時が鳴って、終列車の汽笛が寒々と聞えた。目の冴えている彼女には、何となくその音が異状あるように思えた。

「もしや!?」

彼女ははね起きて、着物をひっかけると、局の方へ走った。十二月の夜は寒々と更けわたって、風が身をきるように冷たかった。長い間住んで案内知った局舎へ、忍び込むように入って宿直室をのぞいて見ると、倉田の姿は見えなかった。しかも電信機は鳴り続けている。彼女は宿直室へ入った。古い机の上には二通の封筒と、涙のあとが残っていた。彼女は封筒をとりあげた。その一通は局長へであり、他は彼女宛だった。彼女はあわただしく封を切った。その中には懲戒免職にされたら、もう再びよい職業は得られないであろう事や、義務年限中にやめさせられるのであるから、三百円もの弁償金を払わねばならぬ、しかし彼にも、彼の祖父母にもその能力のない事、再貼した切手は四十銭足らずで、それも本代の足《タシ》にした事、しかしそれが悪い事には違いない。またこんな事を知ったら、お絹がどんなに慨くだろう。いっそ死んでお詫びしたら、懲戒免職も許されるかも知れん。そして三百円払わなくても済むかも知れん、どうせお絹にもあわす顔はないのだから、そうする。そしてお絹へは杉山さんからよろしく言ってくれ。というような事が細々と書いてあった。彼女は読み終って思わず叫んだ。

「局長さん、倉田さんが、倉田さんが大変です」

×　　×　　×

その頃倉田は川岸の枯草の中にポツネンと坐っていた。終列車で……、と思ったがそれに遅れて川の方へ走ったのである。川は村はずれで急湍をなし、この夏もそこへ身なげした若い女があった。彼はその急湍の上へ立った。そして深い深い淵へ身を沈めた。

が彼はハッとして気が付いた。飛び込んだところは意外にも膝頭を没する位の深さにすぎなかった。十二月は川の水が枯れる。枯れた上に深淵ではなかった。

彼は岸へ這い上って草の中へ坐った。冷さがヒシヒシと身にしみ込んで、ズブぬれになった全身は、やがて凍りついてしまうのではないかと思われた。けれども彼はジッとして動かなかった。堤の上を提灯がとんだ。

「く・ら・た」と言う声が途切れ途切れに聞えたが、そのほかの言葉は、瀬の音に奪われた。

「そうだ、俺あ生きねばならん。生きねばならぬ。俺が死んだら祖父たちはどうなるのだ。そしてたった四十銭で捨てるには、あまりに惜しい命だ。出直すのだ、もう一度出直すのだ。強い強い人間になって、崩れてしまった過去の中から、もう一度光明を見出すのだ。誰にも犯されない世界を……」

彼の両頬をとめどなく涙が云うた。

「行こう……」彼は立ち上った。

「局長よ、さようなら、木村君さようなら、配達夫さんさようなら……そしてそして……杉山さん、さようなら」

感覚を失った足は堤の道を志村たちが、今もあの教務主任の言葉を守って、清く強く働き続けているであろう世界の方へ、走り続けた。

どこかで鶏がないて、暁の光が仄かに東の山の端にただよいかけていた。

孫晋澔君のこと

孫晋澔君のこと

孫晋澔《そんしんこう》君は朝鮮の慶州《けいしゅう》の近くの村で生れました。孫君の話によると、そのあたりは山がよくはげて赤茶けていて、川も川原がひろびろとしており、その中を水が少しながれているだけだったといいます。そしてみんなまずしくくらしていました。

孫君の家もまずしかったので、兄さんは早くから内地（そのころ朝鮮は日本に併合されていました。だから日本を内地と言っていました。）へかせぎに来ていました。生れた家が農家だったから内地へ来ても農家の手伝いをしたり、朝鮮飴を売ってあるいたりしていました。

兄さんは日本へ来てみて勉強さえしておれば、大きい会社へつとめることもできるし、またいろいろお金もうけの方法もあることを知りました。そこで弟の孫君に勉強させてりっぱな人にさせたいと思い、孫君が四年生になったとき内地へ連れて来て、日本の小学校に通わせることにしました。昭和の初めごろのことです。そしてやって来たのは大阪府の佐野市という町の近くの農村でした。そのあたりにはたくさんの朝鮮人が来ていました。そしてたいていは農家の納屋などを借りて一しょに住んでいました。兄さんたちも納屋を借りてせまいところに大ぜいで住み、昼間は付近の農家へ出かけていって一生けんめい働き、夜になると帰って来て、せまい部屋の中でおしあうようにしてねました。

孫君はそうした納屋へおちついて、そこから近くの小学校へ通うことになりました。大ぜいの男の大人ばかりの中に子供がひとりいるのですから、みんなにかわいがってもらったけれどもとてもさびしくて、ふるさとのおかあさんやおとうさん、ねえさん、いもうとのことなどしきりに思いだしました。

勉強は熱心にやりましたから成績はよかったのですが、女の子によくいたずらをするのでいつも先生から注意をうけていました。運動場で女の子たちが大きい声でキャアキャアといってさわいでいるときはきっと孫君が女の子にいたずらしているときでした。生きている蛇の尻っ尾をもって女の子を追いかけたり、女の子の着物の裾をまくったり、女の子の持っているものを、とつぜんとってにげだしたりするのです。とるといってもぬすむのではなくいたずらなのだから、後にはかえしてくれるのですが、孫君のいたずらには皆こまっていました。

孫君が五年生になったとき、私はその小学校の先生になってゆきました。そして五年生の女子をおしえることになったのですが、五年生の男子の図画もおしえることになりました。私は晴れた日にはよく校外へ写生につれていきました。海は学校のすぐ近くだったし、また松の茂った丘もあって写生をするのによい場所がいくらもありました。

孫君ははじめ絵は下手でした。くらい絵をかいていました。それを絵の具のとき方や、自分の見たものをどのように表現すればよいかについていろいろ指導すると、すっかり上手になってきて、いくらでも絵をかいて持ってきました。

あるとき五年生の女の子が、

「先生、孫さんがこんなものくれるんです。」

といって小さい角封筒をもって来ました。中を見ると、ノートの切れはしに
「ぼくはきみがすきだ。あそんでくれないか。」

とらんぼうな字でかいてあります。私はその手紙をあずかって五年生の男子をおしえている先生にわたして、こういうことはしないようにと注意してもらいました。すると孫君が私のところへやってきて、

「先生すみません。もうあんなことはしませんからゆるしてください。」

とあやまりました。

「男が女をすきになるってことはいいことなんだよ。そして女の友だちとあそぶこともいいんだけれど、あんなことすると女の子はいやなんだよ。人のいやがることをするのはいけない。君はおかァさんや姉さんや妹さんたちとはなれて男の大人の人たちばかりの中にいるから女の人となかよくしたいのはよくわかるから、私はけっしておこりはしないし、また女の子たちと仲よくするような機会はつくってあげるから、これからは女の子にいたずらなんかしないこと。いたずらするときらわれるだけなんだ。それより、君は兄さんも君をほんとに勉強させたいと思っているんだろ。君もよく勉強する。せっかく朝鮮から来て勉強しているんだから、それこそほんとに一生けんめいにやらなければ。ぼくはいつも君にいうように、朝鮮の人はみんながよく勉強してはやく独立するようになることだと思う。それはだいじなことなんだ。独立をして自尊心をもって……。」

私は孫君にさとしながら、孫君の兄さんのことを思い出していました。いつだったか村はずれをあるいていると、孫君の兄さんが巡査にひどくおこられていました。飴を売ってお金をもらったときおつりをごまかしたといっておこられているのです。私は孫君の兄さんには道でよく出あいました。おとなしいいかにも人のよい顔をしてニッコリ笑ってあいさつするのです。また兄さんが田で働いているところも見かけました。日本の百姓の二倍も三倍も働いているのです。すこしばかりのお金をごまかすような人ではない

のです。私はほんとに気の毒に思いました。兄さんは巡査にひたすらあやまっていました。独立した国の者であれば巡査だってあんな叱り方はしないでしょう。

私は孫君に話しているうちに涙ぐんでしまったのですが、孫君も頭をうなだれて泣いていました。

「兎に角どんなことがあっても私に相談するんだよ。また私のうちへあそびに来いよ。私は一人でいるんだから。女の子たちはいつもたくさんあそびに来ているよ。君もその仲間にはいればよい。女の子にいたずらをしなくて、よく勉強して、時には女の子でできないことをたすけてやるようにすれば、みんな仲よくしてくれるよ。」

そういって帰えらせました。

ところがその翌日孫君は学校へ姿を見せませんでした。五年生の男子の先生に心配して様子をききますと
「きのうすこしきつくしかりつけておいたので、それで来ないのでしょう。明日は来ますよ。」

といいます。ところがその次の日も学校へ来ないのです。そして私の組の女の子が、

「先生、孫さんはおとといの夕方から行方不明だそうです。」

と言って来ました。私はおどろいて孫君の兄さんの家へとんでゆくと、兄さんも心配しているらしく、働きには出ないで家にいます。

「孫君はどうしましたか。」

ときくと、おとといの夕方になっても学校から帰って来ないというのです。そして学校の門のところまでさがしにいったが見つからないし、ほかにさがしようもないから仕事も手がつかないで、思案しているの

だといいます。この人たちは救いをもとめることさえ知ってはいないのです。そこで私がおとといの学校でのいきさつのはなしをすると、

「それは弟がわるいのだから、心配しないで下さい。私がさがしてみます。」

といいます。どうしてさがしますかときけば、そのあたりをあるいてみるというのです。私はさっそく兄さんをつれて警察署へいき保護願いを出しました。警察の人たちは親切にいろいろきいて、

「もしかしたら朝鮮へ帰ろうかとおもって下関の方へいっているかもわからない。しかししっかり勉強しようと思って東京の方へいったかもわからない。その両方をさがすようにしてみましょう。まず自殺したり、やけをおこしたりするようなことはないでしょう。長い間の経験でわかります。」

と主任の巡査は言ってくれました。孫君の兄さんと私はすこし安心して警察を出ました。兄さんは途中でポツリポツリと朝鮮の家のことをはなしてくれました。そしてその夕方兄さんは飴をたくさん持ってお礼に来ました。

「これは売るものですから、売って少しでも金にすることが大切です。」

といってもきかないでおいてゆきました。

それから二、三日すぎてからでした。孫君と仲のよかった五年生の木村君が、孫君のはがきをもって来ました。それには、

「ぼくはわるいことをしました。これから心をいれかえてほんとに勉強しようと思います。ぼくはいま山の中にいます。そして東京の方へいきます。しかしぼくをさがさないで下さい。きっとりっぱな人になって大阪へかえりますから、さよなら。」

とあります。消印を見ると木曾福島となっています。それで家を出てから名古屋にゆき、中央線に乗り、木曾福島までいったことはわかりました。早速兄さんにも知らせ、また警察へとどけると、警察では中央線の沿線と、東京の新宿付近をさがしてくれることになりました。新宿は中央線の汽車の発着するところです。

わたしはまだ十一才の少年がかたい決心で勉強しようと思いつつ、教科書をいれた風呂敷包を抱いて木曾路をたどっている孫君の姿をおもいうかべました。早く連れ戻さなければならない、が同時にそのたのもしい心がまえを心から喜こびもしたのです。

しかしそれから一週間すぎても何のたよりもないのです。どこへもたよりがありません。十日ほどたって孫君は私のところへハガキをよこしました。それには松本市の石曾根という蚕網製造所にいることがしるされてあり、主人もよい人で一生けんめい働いている。ここで少し金をもうけて旅費ができたら東京へいきます。ぼくは元気です、とありました。

そこで兄さんに知らせ、また警察へも届けに行き、保護願もとりさげ、私は松本へゆこうと思って家へ支度をするために帰りました。すると、石曾根さんから手紙が来ていました。それには夕方町はずれをあるいていると草原にねころんで本をよんでいる子供がある。見かけたことのない子だから誰だときくと孫晋澔と答える、いろいろ事情をきくと勉強するために家出したのだという。そこで家へつれてかえって世の中にはよい人ばかりでなくわるい人が多いからどんなことになるかわからぬ。東京へいくのはやめてしばらくここにいなさいとすすめておらせることにしたが、大阪から来たといいつつ大阪の住所をはっきり言わない。そこで仕事の手伝をさせつつ様子を見ていたが正直で実によく働く。ただ時々宮本先生が、といっては話す。その先生はどういう先生なのだとといただすうちに家出の様子もわかったので、まず本人に手紙を出させ、私の方からも出す、と書いてありました。私はすっかりうれしくなって、兄さんのところへその手紙をもっていくとともに、石曾根さんのところへ「ムカエニユク」と電報をうちました。そしてその夜の汽車でたとうと思って支度をすましているところへ、石曾根さんから「クルニオヨバズ」という電報が来ました。つづいてその翌々日石曾根さんから長い手紙が来ました。

「孫君はなかなかよい子供です。大阪のことをうちあけてからすっかりほがらかになりました。こうした子供はあずかっておいて勉強させたいと思うが兄さんのいるところへ帰すのが一ばんよい。そのうち縁があったらまた世話をすることもあるでしょう。こういう子供はできるだけ自由にさせて周囲からいざこざ言わぬのがよいと思います。それで一人で来ることができたのだから一人で帰ることもできましょう。あなたは孫君に朝鮮独立論を説いたそうですが、私もおなじ考えです。そしていろいろ子供の将来にこそ大いに期待しましょう。」

というようなことが書いてありました。私の方からも長い手紙を書いて出しました。それから孫君や石曾根さんと二、三回手紙のやりとりをして、孫君は一人で帰って来ることになりました。

私は学校で待っていました。校門をあけ、校門の灯をともし、応接室へも灯をともして。孫君は駅をおりたらきっと学校へまっすぐに来るだろうと思ったのです。というのは家出するときも家へは帰らないで、校門を出たまま駅へいったのでした。そして無賃乗車のまま、関西線・中央線と乗りついでいったのです。そして木曾福島へつくまでは何にもたべないで水だけ飲んですごし、福島駅まで来て目のくらむほど空腹をおぼえたので下車して、駅まえの家で空腹をうったえると飯をたべさせてくれたといいます。私は孫君のそうしたやり方に感心しました。そして子供の一人一人はすばらしい宝を自分のうちに持っているのだと思いました。

さて私は学校で夜九時すぎまで待っていました。そして何やら校門のところに人の気配がするのでよく見ると、御影石の標柱の下に黒い人影があります。学生帽をまぶかくかぶって、小わきに風呂敷づつみをかかえています。孫君だなと思ったから、

「はいれ」

というと、うつむきかげんに門のところからサッと走って玄関の階段をかけあがり、そこに立っている私に抱きついて私の胸のところに顔をうずめました。そしてそれからしばらくしてうめくように泣きはじめました。

応接室へつれていって、

「夕はんをたべたか」

とききますと、弁当を汽車の中でたべたといいます。そしてそれからポツリポツリと家を出て二十日ほどの間のことをはなしました。私は孫君の中にひそんでいる人間としてのつよさ、精一ぱいのもの、ほこりなどにしみじみ感心しました。

「いい経験だったね。私にもよい経験になった。これからほんとにおちついて勉強するのだ。」

とはげまし、孫君をつれて兄さんのところへゆきました。兄さんも兄さんの友だちも待っていました。

それからの孫君は見ちがえるようにかわりました。よく勉強もしたし、私のところへは毎晩あそびに来ました。そして女の子の世話もよくしました。女の子たちは「孫君、孫君」と言って孫君のたすけをもと

めました。

その後間もなく私は病気にたおれて二年あまり病床生活をしなければならなくなり、郷里へかえりました。帰るとき孫君に決して見送りに来てはいけないと言いました。私は他の生徒にも送ってもらわないで、たった一人夕方そっとその村を出ました。そして父と母にあとの始末をしてもらうことにし、大阪の町の知人の家で二、三日休ませてもらうことにしました。父と母はその翌日村をたちました。子供たちは私が父母と一しょにかえるものと思って駅へ見送りに来ていました。だが私がいないのでガッカリしたようです。孫君は私の母に抱きついて大声でなきはじめ、母が電車へのっても窓のところからはなれず、電車が出るとプラットホームに立ったまま泣いていたそうです。

私はそのまま孫君にあっていません。孫君は六年生を終えると勉強することをやめて郷里へかえってしまったのです。その後二、三年手紙のやりとりをしていたのですが、朝鮮での日本人の横暴を訴えた手紙が来てから、たよりが来なくなりました。

いまでも孫君のことを思い出します。そして元気であってほしいと思っています。

付1　孫君の手紙

〔註　宮本先生の手元に残された孫晋澔君からの手紙は二〇数通ある。その何通かを此処に掲げる。最初のものは家出した孫君が世話になっていた松本の渡辺蚕網工場から出したものである。先生の文章では孫君が世話になったのは松本市の石曾根という蚕網製造所となっているが、これは先生の記憶違いであろう。松本市大名町の石曾根民郎という人と交流があり、昭和九年にだした石曾根氏からの葉書が何通か残されているが、それによると石曾根氏は「雷」に関する伝承を集めており、それについての依頼状、礼状の類で、「口承文学」第四号に「信濃松本の俗信」（石曾根民郎）が掲載されている。先生と交流のあった石曾根氏は蚕網工場ではなく、当時は印刷所を経営していた。帰国後の孫君からの手紙も何通か残されている。昭和十年三月末の手紙は、保存されているもののなかでは最も新しいものであるが、これが最後の手紙であるかどうかは分からない。〕

Ⅰ　昭和四年六月十二日　封書（表墨・中鉛筆書き）

大阪府泉南郡田尻村　尋常高等小學校内　親展　宮本先生　氏

松本市堂町　渡辺蚕網工場内　孫晋澔ヨリ

先生の心づくし私なみだがこぼれる程嬉しいのです
どうか私を許して下さい私は古林の事何かはゆめに

も思って居りません忠〔ただ〕お母さんの事が気の毒で勉強は間にして働いて一日も早く楽にさせたいと思いましたが先生の心により私は帰へって行きます来る十四日の晩までにはきっと帰へりますから安心して下さい私はどうしても田尻学校と兄様の所とは入る事は出来ません私は本もぼうしも皆すててすっかり働く気になりました。それに私は又今更えらくなったってお母様の幸福をはかるには無用です又今更勉強したって世間の人の前で顔を上げて歩く事は出来ませんあ……！　私はどうして世の中で楽な生活に生きて居る事が出来ませう先生の御志により私は今に死んでも思ひのこす物ない程嬉しいのです其所へ行っておわびする事、此所で先〔ず〕致します。伏してお願いしますどうかお許し下さい私が悪かったのですなみだにむせんで居ります　六月十二日

孫晋澔ヨリ

宮本先生　殿

社長様も先生の手紙を見て感心な先生だ帰へれ
とおっしゃいました

Ⅱ　昭和五年四月一日　葉書　山口県大島郡西方村長崎　宮本常一様
大阪府泉南郡田尻村嘉祥寺　孫晋澔

元気でおかえりになったとの事僕うれしうございます。
一日も早く元気なさって又お出で下さい
待って居りますから。
僕も相変らず丈夫で勉強しております。
うわさに聞くと沢野、古林、古淵、等は先生の事を
思って或る時は涙〔な〕いて居るさうです。
僕も先生がおかえりになってからはただささびしく日を
送っているばかりです。
だからどうぞ一日も早く元気なさってお出で下さい。
お父さんやお母さんによろしく。　さようなら。

Ⅲ　昭和五年四月六日　葉書　山口県大島郡西方村長崎　宮本常一先生殿
大阪府泉南郡田尻村嘉祥寺北ノ町鮮舎内
孫晋澔

僕も副級長に選挙されました。
此の頃は佐谷先生の所で毎晩勉強しております。
先生もどうぞよろしく養生を願ひます。
受け持ちはやはり岡根先生です。
昨夜もね、佐谷先生と、となりのやくぎ先生とがあって、
色々話したがね僕の将来の事を問われて僕、本当に、
困りました。
どうか先生の病気が全快なさるように祈ります。

Ⅳ　昭和五年十二月八日　葉書墨書　山口県大島郡西方村長崎　宮本常一先生
大阪　水谷保太郎方　孫生

皆さま達者ですか。

僕は来る冬休に郷本へかえります。多少の事情はあります。
借在の本は彼所でゆっくりと読み終りたく思ひ当分一年程借受け申します
内地へもどる時は先生のお宅へよります　　　　さようなら

〔借在の本＝これ以前に先生が孫君に『偉人叢書・乃木大将』を送っている。〕

V　昭和六年一月一日　葉書墨書　山口県大島郡西方村長崎　宮本常一先生様

謹んで新年の御祝詞申し上げます
新しい年希望に満ちた春を
先生と共に迎えるのは僕の何より
のたのしみです　この年も一層
の御慈悲を賜らんことを
お願い致します。　一月元旦

孫　生

VI　昭和六年一月二十六日　封書　山口県大島郡西方村長崎　宮本常一先生

慶尚北道慶州郡内南面上辛里　孫より

先生おかわりもありませんか僕も達者です。

卒業証書は校長先生から三月末に送って下〔く〕れる約束で僕はうちで中学講義録を勉強して居ります。くらい燈火の下で思ふに田尻のことばかり一日も早く学問して内地へ渡る考へ。度々質問もしますからその時はよろしく願ひます。

御病気は如何ですか一かた心配でなりません

お母さんはいつも「もうどこもいかないて下れ行かないだらう」とおっしゃいますが僕ただ「はいはい」と答えるばかり、どうも弱ります。

どうも風俗が悪くてこまります。十三十四になると親が無理から「けっこん」さす風あって僕もこれには当わく致して居ります。そんなことを言ふ時は胸がもえるほど腹が立つが親だからどうもおこられず困って居ります

何とぞご養生を……

Ⅶ　昭和十年三月三十一日　封書　大阪府泉北郡取石小学校　宮本常一先生

朝鮮慶北慶州郡内南面上辛里　孫晋澔

〔十年四月二日取石局の消印あり〕

拝復

手紙を受け取り余りの有難さに漸らくの間只呆然として立って居りました。

嗚呼……誤った忘れた天にも地にもたった一人の恩師を失っていた。然し師として生徒に対する情は私等如き愚者の知る所ではない。

許して下さい御無沙汰致して済みません。

私もお陰さまで立派な青年になりました。

髪ものばしてハイカラ式をしました。農村の中賢〔堅〕人物として働いて居ります。去年の春二十歳で結婚しました。私は次第次第にせまい天地の中へもぐりこんで行くのです。家庭の束縛、生活の不安、人身の薄情すべての事情が生気溌溂たる青年の自由を制限し神も知らざる僻村に於いて私は虫の息をこらして居ます。そして何だか心が寂寞にして憂鬱なる日を不平だらだら送って居るやうです。先生にお別れしてから有数年其の間なんのなる事なく何の人の為尽くしたる事なく春雨秋風につけただ内地の時を偲び未来の暗澹を憂ふっているのみでした。

先生どうも此処を抜けなけりゃ駄目のやうです。一つ其処らで私に的当〔適当〕な所があったら世話して下さい。職業の貴賤は問いません。

先生にはいつも昔ながら散歩をお好みですか亦結婚前ですかどうなさっていらしゃるでしょうかお見上げしたい。

御大父様のおくやみ申し上げようもありません。

　御健康を祈りながら　又お便りします。

付2　古渕さんの手紙

〔田尻小学校での教え子の一人、古渕スミ子からの手紙。古渕の手紙はたくさんあるが、その中で最も印象的な一通。樹蔭の「更正記」にも古渕等教え子の記事あり〕

昭和五年七月三十日　封書　山口県大島郡西方村長崎　宮本常一先生様へ

田尻村吉見　古渕

大すきな先生へ

先生おかなしい事でございます。

私は先生からもらった葉書を見て机にもたれて一人ないていた。お母さんや姉さんが来て私の泣くのを見て、尋ねられ、葉書に書いてあることを、泣きながら、よんでやると、友に〔共に〕皆泣きました。するとお母さんが、お隣のおふどう様にお願ひしませう。といって、先生の書いた葉書をもってゆきました。神様に尋ねて見ると、なほしてやるといってくれた。その時家内一同喜び、七月二十五日の夜から、私は、先生のかはりとなってぎょうをしていますから、先生も一心になって下さい。朝の初水をおふどう様にそなへ、そのお水をのんで下さい。その中におじゅばんをぬふて〔お襦袢を縫うて〕、二十六日から来月の八日までごきとうし、八日の夜別ごまをたき、その灰とおじゅばんと、小づつみにておくります。おじゅばんは、何時も来て〔着て〕下さい。おごまの灰はオブラートにつつんで一日に三回おのみ下さい。

私の兄様にも神様がさがりますので、尋ねましたら、同じく、一心になればなほしてやるといひました。

先生一日も早くなほって下さい。

私の村にも先生と同じ病気でおふどう様にたすけてもらった人は多い。

なほらない人はその場でなほらないといひます。

せんせいがなほるといっているからごあんしんくださいさい

さよなら。

泉南郡田尻小学校に赴任、5年女子の担任になる。下から3列目、右から3番目に古淵スミ子さんの名が見えるが、孫晋澔君はわからない。昭和4（1929）年

吉田君の追憶

吉田君の追憶

君を知ったのは天王寺師範の専攻科へ入った時だった。君の席は、私のすぐ後だったから、入った日から話すようになった。背が五尺八寸もあって、色も黒く見るからに頑丈な男であった。それがまたいたって無口なんである。私はまことにたのもしい男だと思った。席が近い上に、同じ城東線でかようものだから、余計にしたしくなった。だが私のようにすれっからしでなく、歩いて来た道が全然ちがっていたから、最初はむしろ私が聞かされる役目だった。君は茨木中学で水泳の選手だったとかで、その話をよく拝聴した。私はまたどんな話にでも興味を持つ男だから根ほり葉ほりきいた。五月頃から君は泳ぎに行くのだと言って京橋で途中下車するようになった。そのプールというのは汽車からよく見えた。しばらくして今度は一緒に桜橋で下車し始めた。君はさもうれしそうに都島工業へコーチに行くのだと言っていた。私はその頃恩師の家から学校へかよっていたのであるが、都合によって恩師が徳島の方へ行かれる事になり、たちまち宿無になった。下宿なんかする金がないから、ある家へ夏休み中の留守番を条件に下宿させてもらった。そこで君と話す折が少なくなった。そこで夏休みの留守番役がすむと、また行き先がなくなって、適当な寝場所をさがしにかかった。運よく住み込み家庭教師の口があって、そこへ入ったが、この生活は実にさびしくて、家へかえるのが嫌でならぬ。勢い町をうろついたり友人をたずねたりして、日が暮れるまであそぶようになった。そうして心斎橋や新世界をうろつく味を覚えたのである。無論金なんかないから、ただ歩くだけだったが、財布に一円もあれば吉田君を誘うたものである。その頃は兄貴らしい気持になって、まるで命令的に町へつれて行った。君がキネマを面白いと思うようになったのもこの頃からで、私がつれて行くまでは、活動館へさえ入ったことがなかったという。何でも消防隊という映画を見せたときは、大変感心して、キネマっていいものだなァと言っていたが、後で聞けばその翌日、一人ひそかにもう一度見に行ったそうである。千寿堂という戎橋筋の喫茶店を教えたのもこの頃で、この時も君はひどく感嘆していいところだと口癖のように言った。それからまた釜ケ崎から日東町あたりのまちなかを引ずりまわしたり、古本屋を歩いたり、神の如く善良なる男に、社会の半面を教えるべく努めたものである。しかも君はどこへでもついて来たし、何にでも感心した。一方私の家庭教師はまんまと失敗して、荷をしもうて、小阪に住んでいる友のところへころげ込んだ。この家がまたひどい家で、人の住める家ではなく、ある雪の朝起きて見ると、二寸ばかり隙《す》いた硝子障子の間から吹き込んだ雪が枕許に消えずに残っているという有様で、寒い事この上もない。火鉢の炭さえ事欠く事が多いものだから、学校からかえると、大抵は布団をかぶって寝るのが仕事で、昼の日中、ねる訳にも行かず、日のくれるまでは、やはり町をぶらつく事にしていた。かくて吉田君は引続きそのおつきあいをさせられる事が多かった。ところが同君も何時か私のボヘミアン振りに警戒するようになった。それが目につくと、私もこれはいけない事をしたと思うようになった。つまりは、吉田君の如き善良な人は、どこまでもそのままにしておくべきだったのである。そこでしばらく疎《うと》くする事にした。学年末君が病気をした折、君の家に見舞に行った事があったが、そうしてひどく喜んでくれたが、私は君の友たる資格のない人間だと思っているから、その後も交際しないようにした。したがって卒業してからも文通はあまりしなかった。とにかくこの人は若竹のようにのびて欲しかったから手紙を書かねばならぬ時は、そんな事だけ書いた。卒業してから一年たった。私はその頃病気で故郷へかえっていた。そこへ久し振りに君の手紙が来たのである。私はその時病気の性質が性質だから手紙は出さぬようにする、と返事したのだったが、折かえし君から「私も同じ病だから」と言って来て、ここに冷えた友情がもう一度燃えて来たのである。そうして兄貴ぶって今度は和歌をすすめたのであった。私はずいぶんはげしく君の歌をやっつけた。後には歌人の資格がないとまで言った。けれども今度はついて来た。本歌集中七年三月二十二日の信太山のうたまでは遂ぞ皮肉を言わぬことはなかった。だから「またやっつけられる事と思いますが……」と言って来るのが癖のようになっていた。その間君は私の歌の文法的な間違や文字遣いをどんどん訂正してくれた。中学へ行っていないお影で私は文字遣いも文法もメチャメチャだったが、そういうものをいろいろと君に教えてもらった。君は一字一句をも実に丁寧に取扱い、その手紙は私の友人中君の右に出るものなきほど、きちょうめんなものだった。粗雑な私は、それがいつも淋しかったものである。

二年ばかり休んで、私はどうやら少々仕事も出来そうになったから上阪した。家にいたところで、貧乏なんである。背水の陣をきめて就職した。同時に私は君の和歌への批評をやめた。来てみて君の精進振りが恐しくなったのである。歌に対して全く悲壮なる態度にいた。作ってたのしむというようなところは寸毫もなかった。その上、それらの作品は発表するために作ろうとしたものでもなかった。

そこで私は私の和歌を書き送る事もやめた。私が上阪して四月目君はまた倒れてしまった。私はそれから君のために出来るだけ力になってあげねばならぬと考え、ある時ははげまし、ある時は叱りしたのだが、実は自分自身の身体がともすれば不安で、時にそうした不安の出勝ちで、かえって君に心配をかける事があった。昭和八年十月下旬私は高尾清滝方面を歩いて家へかえって見ると、君の令弟の逝去の通知が来ていた。同じ病で、枕をならべてねていられたのである。君を見舞った折も、「私には歌があるから慰められるが、弟にはそれさえない。実に煩悶しているから、君からも慰めて欲しい」との事であったが、私は遂にこの令弟をはげます折さえ持たなかった。言わば私の勝手から。

令弟を失ってからも案外衝動が少ないようなので安心しつつ、もう長い間外を見ない友のために、私の住んでいる村の風景を少々書いて送ろうと、授業がすむと毎日出かけては描き、十枚ばかり仕あげて送ったのだが、それが届いて間もなく、その礼状を最後に、君もまた幽明を異にしてしまったのである。私は全くガッカリした。君の死の電報を手にした夜はねむれなかった。私は全く君に裏切られたようにさえ思った。私の身を一番案じてくれたのも父についでこの友だった。その父は君よりおそく病み出し、君より早く逝ったのである。不肖の子私のいたましい犠牲になって……。私はこの事をさえ君には言わなかった。少しでも君を落胆させてはならぬ、失望させてはならぬ、と思って……。しかも君も私より先に行ってしまったのである。君は私の仕事に対しては常に心を配ってくれた。口承文学を出そうとした時も、消息毎に進行状態をきいて来た。口承文学第一号・第二号に連載した「だんごつきの話」の如きは、自ら筆をもてないから、五十枚の長編を、口述して令弟に筆記せしめたものだときく。あるいは君の生命をちぢめたものは私であったと言っていいかも分らぬ。

君が葬儀の日式場のただ中に慟哭するただ一人残されたる令弟を見た時、私も思わず涙をのんだのであった。残されたるもののいたましさを、君も次弟を失われた日味あわれたであろう。私は君を悼むよりも君に怨言が言いたかった。ひょうびょうたる寒風の道に私は父を失った日と同じような孤独を感じた。そうしてすべてが思い出となってしまったのである。

私は君から来る手紙の字によって君の健康を占っていた。代筆である時が一番悪く、君の字とは思えない、みだれた字の時は仰のけにねたまま書いたものと思い、やや整ったものは横にねて、さらにととのっ

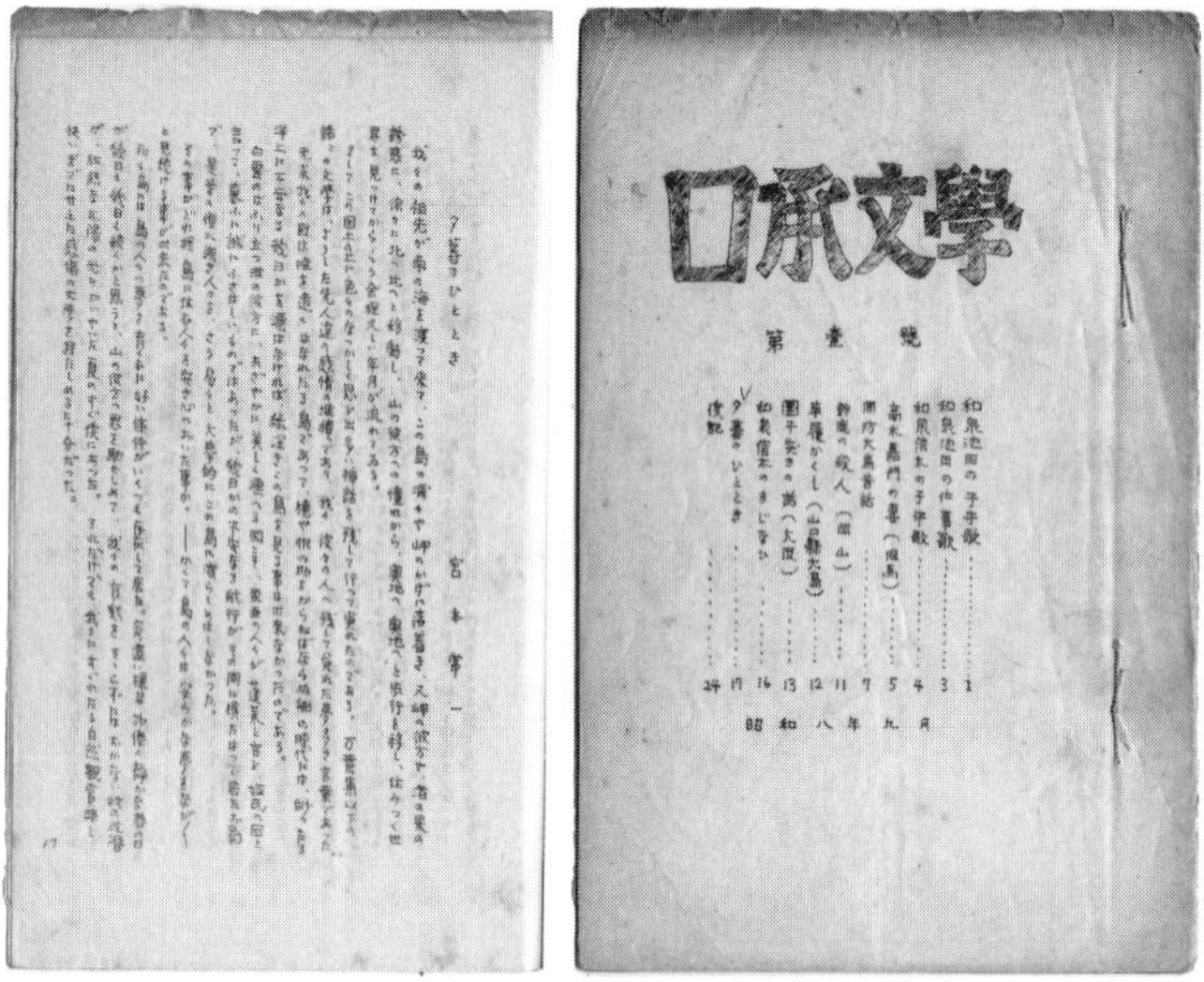

「口承文学」第1号。昭和8年9月

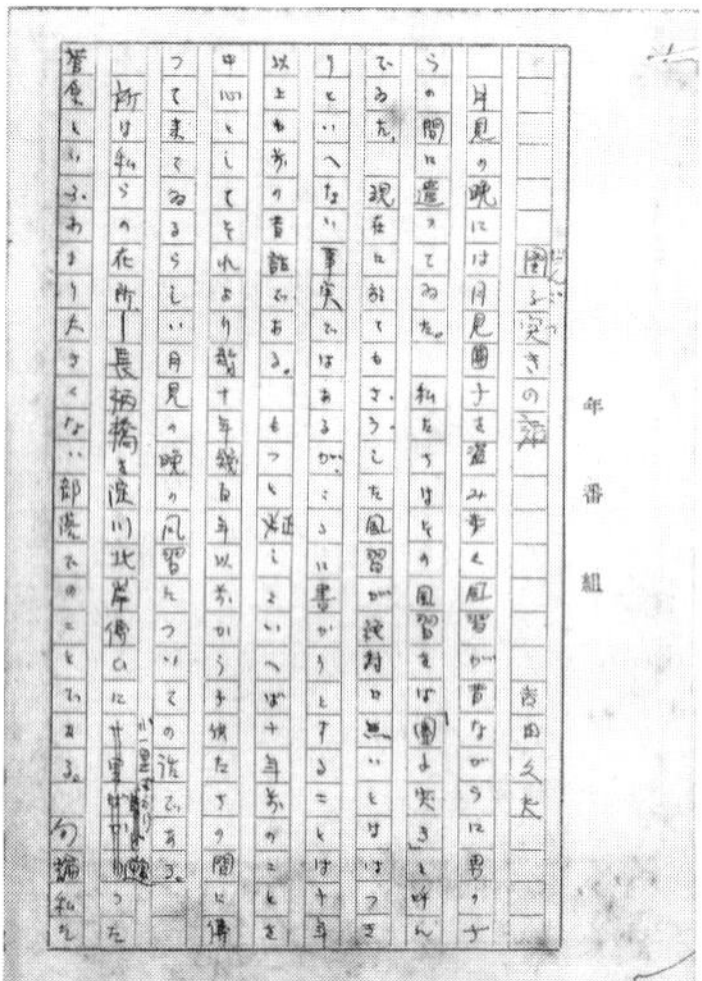

吉田君が口述して弟に筆記させた
「だんごつきの話」の原稿

たものは腹這いになって書いたものだと思った。しかもそれが大体あたっていたのである。最後の手紙は実にきれいで、健康時の字だった。私はこれを見た時、何やらうれしくもあり不安でもあったのだが、これが最後の生命の大きなゆらめきであったのだろうか。

漸くにして遺稿歌集をなす時すでに秋、一周忌も近い。友として、余暇余暇に書きまとめた君が歌集を、君にささげまた親しい友に送り得るをせめてもの喜びとする。

そうして、私は君や君の令弟の魂をも抱いて、さらに立ちあがりたいと思う。

君はよく私に「やせたる英雄」と言って来た。病後遂に肥ゆる日さえない。だが力の限りたたかう意気と熱情だけは取り返した。そうしてもう健康の事であまり君を心配させる事もあるまい。安んじて瞑せられよ。

昭和九年九月七日夜半　　　宮本常一

最後の手紙

拝復
先日は絵画を有難う。泣きたいまでに嬉しかったです。絵の中には見覚えのあるのがあり懐しく拝見しました。
絵ハガキの方は一日遅れて昨日着きました。中の湯ってどこらにあるんですか。知らないものを知ったかぶりしているのも心苦しいのでお尋ねします。
お返事は何時でも結構です。

×

昭和八年もあますところ僅かになりましたね。秋のとり入も終って家庭の方も一寸落ちついたかたちです。どの家でも段あたりの収穫高が三石をこしたらしく近年稀な豊作だったと言います。宅でも三石以上の出来だったそうです。

×

教務主任としての感想は?
成績簿の記入や学期末のどさくさでせわしい事でしょう。或は忙中閑ありと言う方ででもありや。せめてドッサリボーナスを我らの若き英雄に与え給えかし、給仕なみなボーナスならいらん…(とは言うものの……)

×

この頃少しセンチになってすぐ泣き出したくなるので警戒しています。が、泣き出すところまでは進んでいないです。御心配になっては心苦しい。

×

山茶花は冷い花です。見た目には美人の膚の冷たさを感ぜしめられる。また弱々しい花。

×

日記も毎日二三行と言った貧しい心のくらし、何を書いていいのやら先ずはザックバランに如件。

昭和八年拾弐月九日　久夫

宮本兄

追記

同行吉田久夫君が〔昭和八年〕十二月十七日長逝された。君は病床にあること五年、遂にたてなかった。私にとっては得がたくかけがえのない良友であった。思うて痛惜にたえず、ただぼうぜんとしている。

凧や消えゆく友の足の音

吉田久夫君

あをぞらのもと

序

失望と不平を抱いて、田尻へやって来たのは四月四日の朝だった。
この失望不平をやるために私は、毎日海へ行った。波の音をきいた。
そして更に友達へ書いた。
四、五両月に書くこと、凡そ、一六〇通。
それはみんな不平のはけて行く道だったのである。
九月、行詰りを感じて書く事七〇通。
これで行詰りは打開された。
書く事の有難さをつくづく思うてやまぬ。
今私の心の姿を書く。しかも第二編。
これが出来あがる頃は、昭和も五才に成長しているであろう。
そして私の思想も幾分か成長してる事だろう。

十一月二十六日　夜　記

第一信　十一月二十七日〔昭和四年〕

何かしら書いてみたい気がする。大きな声で呼びかけてみたい気がする。
私には今黎明がやって来るような気がする。……暗い日から解放される日が来るのではないかと思われる。

黎明とは、社会的にめぐまれた意味でなく、私の心のうちの黎明である。

どんな苦しみをも喜んで受けられるような心が持てそうである。

何かしら力強いものが私の心の中に芽生えて来るような気がする。

大きな声で叫んで見たい。

誰の肩でもいい、力強くたたいて……。「君、生きる事の幸福ってどんな事か」とたずねてみたい気がする。暗い闇の中に灯をかざしつつ行く者のような気持ちである。

教育者ペスタロッチは社会的には実にみじめな失敗者であった。

そして遂ぞ成功したことがなかった。その彼はしかし遂に一生失望を持たなかった。貧しい人々の群中にあって苦しみつづけた。……しかし、その貧しい人たちのために大きな愛をめぐむ事を忘れなかった。

けれども愛では空腹をみたす事にはならなかった。だから、誰もが彼のもとから去って行こうとした。

けれどもその愛にはかわりがなかった。

彼はその教え子たちを寝かさなければ床につかなかったという。

苦しめる彼の一生、常に、虐げられた彼の一生。実際彼は社会的には弱い人間であった。

けれども彼の信仰と、彼の純情と、彼の愛は実に大きいものであった。

言い、書き、行う。それが彼だった。喋舌り出すと、徹底し、書き出すと、紙のなくなるまで書く彼であった。愛し出すと、その子供が逃げ出しても追って行って、愛する彼だった。今、ペスタロッチが限りなくなつかしまれる。

第二信　十一月二十八日

妹よ。

と力強くよびかけてみたい。本当に純な気持ちで……。本当に力強く。

私はもう、メソメソしたり、ぐずぐずしたりしている時ではないと思う。

私たちは私たちの不幸と戦わねばならぬと思う。

私たちは今背負いきれない程の苦難を背負わされようとしている。

そして、私たちは、ともすればそれにおしつぶされようとする。

だが今そんな事で、ひるむ時ではない。弱いだけにしっかりと戦わねばならぬ。うめいたり、わめいたりする時ではない。

妹よ。

こう力強くよびつづけたい。

お前はどこまでも私の後からついて来るのだ。手をはなしてはいけない。

でないと彼はすぐ、二人をへだててしまうであろう。

お互いに見失わないように……。

一歩づつ健実に歩いて行くのだ。

Slowly and steady win the race.（ゆっくりと確実に歩むものは競争に勝つ）

私たちは勝つために戦うのではない。だが、「ゆっくりと確実に」と言うことは私たちの道を明らかにしてくれる言葉だ。

妹よ。

私たちにあたえられた道はあまりにも暗いものであった。

けれども私たちはそれをどうする事も出来ないのだ。

明るく照らす事の出来る心を持つより外にはないのだ。

明るい心……それは清く、正しくある事であろう。

社会的に物質的に、私たちは如何に失敗しても心の勝利者ではありたい。

よく言われる「君は正直すぎる」と。しかし、私にとっては正直でなければならないのだ。けれども果して、私は本当に正直だろうか。

心から、あからさまであろうか。それを常に念じつつ、私は私の道を歩いて行こう。

妹よ。

力の限り、こうよんでみたい。そして私の力でぐんぐんお前を引きずって行きたい。

大陽のような若さ、朗らかさと、月のような静けさ、和やかさで……。

そして、その一歩一歩に、何等かの、力強いものを残したい。

妹よ。

これからだ。何もかもこれからだよ。

苦しみも、戦いも……。私たちの不幸も。

私たちはどこまでも勇敢に一歩づつをふみしめて行こう。

雄々しく強い。何物にもおびやかされない心を持って……。私たちはあまりにおびえていたよ。世間というものに対して、……人に対して。

けれども私たちの正義と熱情は何時かは人を動かすものだよ。

だから、私たちは、あたえられた道を馬車馬のように歩くのだ。

そして、常に正しくあろうよ。

妹
未だ世間の何たるかを知らない妹よ、お前の前に待つ黒い影を、お前はどこまでも追払わねばならない。

そしてそれに屈してはならない。

世間……。それは渦だ。私たちを常にまきこまうとしている醜悪の渦だ。妹よ、高々と、炬をかざせ。

そして行こうよ。社会へ、世間へ。渦へ。

父を思う（ふるき歌の中より）

金もいらず、名もいらず　父母と　三人《ミタリ》して　ありたく思う　飯たきにつつ。

いつくしみ、深き　ははそは　ちちのみの　父母と　ともども　あらまく欲しも。

（父より文の来りて）

大の字は大きかりけり、父上の老《オヒ》の手ならむ　読みつつかなし。

子三人を旅に出だして、故里に　耕やす父や　如何におはさむ。

老いたまふ、父の御言《ミコト》のかなしかり、　子三人《ミタリ》がため　働くと言う。

森文学士　倫理哲学の講義を読みて

益々努め、益々励まなければならないと思うと、ジッとしていられない気持ちもする。努めなかった日がおしまれもする。だが過去は過去だ。

が私たちはその過去の中からも尊いものを見出さなければならないと思った。

十一月がむなしく去って、十二月を迎えた。私の二十三という年は後一月となった。

そして、永遠にかえらない二十三である。私はこの年を如何にすごしたであろうか。考えてみて、決して、最善であったとは言えない事を知る。

けれども私は、その罪を過去に求めたくはない。すぐ、未来によってつぐないたいのである。罪は罪であり、怠隋はどこまでも怠隋である。しかしてそれ等を償い得る機会は、未来にのみある。

私たちは過去に立たねばならぬ。過去に教えられなければならない。

だが過去に求めてはならない。求められないもの、……そこに過去の美しさがある。未来、それは求め得るものであり、省み得るものでない。

故に希望（あるいは夢）はあるが現実がない。

現在、それこそは我々の立つ一点であり、我々の自由の境地である。

美しかるべき過去は現在において作られ、栄えある希望もまた現実において実現される。現在……それこそ、私たちの道場であり、残されたる世界である。求め得るも省み得るも常に現在の一点である。止まる事を知らざる現在の一点である。

私は希望に生きまた、過去を美しからしめんがためにこの現在の一点に清く生きなければならない。それが私の現実の問題であり、私の努力の集注点である。

然るとき私たちはその過去に尊いものを見、未来に常に希望を持ち得るであろう。

畔《クロ》の学舎《マナビヤ》記《キ》。

四畳を余すこと半。狭からず広からず、白木の匂い未だ失せず。

これ我が居室なり道場なり。

名づけて畔学舎と言う。貧しけれど尊し。広からざれど居心地よし。畔学舎は、野人常一が、居室たるに止まらず、学ばんとする子らが道場なり。故にここにては神聖をけがすことを許さず、よりて、銘、及記を作り、この部屋の精神、この部屋にあるものの心がけを示す。

即ち記にいう

1. 学ばんと欲するものは一尺進むとも一寸を却く事勿れ。
2. 常に努めよ、しかして止まる事勿れ。
3. 内に永遠なる不変を体し、外よく静観せよ。
4. 誠と信、しかして、愛と熱。

更に銘に言う
第一條　先づ己に涙せよ
第二條　馬車馬の如く
第三條　謙而恕
第四條　致知篤行
第五條　清澄透徹
第六條　人生はやり直しを許さず
附、第七條　うまずたゆまず。
かくて、常一が、過去は築かれんとはするなり。しかもよくこの四畳半の部屋の中にて。

第三信　十二月十日

妹よ。

今宵もまた雨が降る。

雨は私の心。……音しめやかにひそかに、……夜の雨は私の心のささやきのようにふる。

あらゆるものはうるおい、あらゆるものは、うちふるえている。

そして雨は大地にふかくしみこんで行く。しめやかにひそかに。

妹よ。

私は今貧しい心をはげましながら生きている。そしてつくづくと生きる事の尊さを思う。生命の尊さ。

それは私たちが己自身に忠実になればなる程痛切に感ずるものである。

妹よ。

先日も私はかつをたべて、中毒した。朝だった。

一人暮しは兎角物があまり勝で、その朝たべたかつをもその二日前のものだった。一尾の魚が三日もある。……こうした事は私の生活には多々ある事なのだ。捨てるべきところをも、もったいないと思ってはたべる私の性質は、その朝も残り僅かな古い魚肉の片を私にたべさせたのだ。つかれた身体……毎晩の夜更しもたたっていたであろう。

私の全身はまたたく間に吹出物でおおわれてしまい、妙なしびれをさえ感ずるようになった。顔も目も真赤……気附いて、鏡を見た時、これが自分の顔かと信じられない程だった。

のどがしめつけられるようで声も出なかった。

無論教える事は不可だった。

一度は学校まで行ったが、すぐかえって休まねばならぬ程、私の心臓は、おびえおののいていた。

冷い床に横たわった時、私の心には祈る心が起った。それは決して助かりたいとか死を予想したものではなかった。

唯そうした、心が私を支配したのだった。

私は静かに口の中で念仏をとなえた。出ない声ではあった。

が、その声がだんだん大きくなって行くのを覚えた。

……今子供たちはどうしているだろう。いたけない子たちは、先生が来ないために、さわいではいないか。

また外の先生に文句を言われているのではないだろうか……。

となえつつ淋しさのこみあげるのを覚えた。

私が教え初めてから、子供たちはみんな生き生きして来た。

しかしそれが女の子だけに、他の先生には自然でないように見えた。そして常に文句を言われる子たち。

私は私の頭の中に私のいない教室をえがいて見た。

子たちは今つとめている……そうにちがいない。

つとめるもの……それは子供たちだけだろうか。

私……自身の中にも……その尊い戦が続けられているのを覚えた。（以下十二月十一日記）

毒素と戦う私の内臓。恐らくは今必死になっている事だろう。

私はそれを思うとジッとしてはいられないあるものを感じた。

私も戦うのだ。私もこれに対して戦うのだ。毒素の征服。

それは内臓にのみ委すべきだろうか。おお私の精神も戦わねばならない。

妹よ。

私は立ち上ったのだった。真赤な顔をして、はれ上った目をして……

そして私は教壇に立った。子供たちは笑ってもいた。けれども私の心は真実に燃えていた。教えたのは地理だった。四国地方……。

私は次第に熱して行った。抜け通るような声が出た。……おお私の声が出た。本当の声が……喜び……

私はもう力一杯だった。

声……その声。すばらしい声。正しく発音されたのだ。

一時間の授業がすんだとき、吹出物はほとんどひいていた。

私は征服した。私は完全に毒素を征服したのだ。その晝私は更にその残りのおかずを平げてしまった。

征服しなければやまない私の心は、今勇敢におののく。

妹よ。

もう出なかった。勝つ者の心。それには毒素も威をふるう余地がなかったのだ。

戦うものの凱歌！

真実に生きる喜び！

妹よ。

私はこの小さな戦に、小さな勝利を得たのだ。

妹よ。

心貧しい私は常に、孤独を感ずる。孤独の中に生きることは私を真実にさせるものだ。……。

妹よ。

私は幸福である。何故って、……。私はみんなが去ってしまったとしても私の真実だけはジッとにぎっているのだから。

寸言

◎幸福は求めて来るものではない。唯己が真実である時のみ、己と共にある。

◎教授することは先生が生徒に授けることではない。生徒から先生が与えられることでなければならぬと思う。

◎私は施すことを喜ぶ。何故なら、施せば、施しただけ私は精神的に、与えられる。

◎人は死に至るまで幼な心を失ってはならない。幼子が、母親の乳を求める気持ち。そこから道徳も宗教も出発する。

◎かなしみを知るものは、幸福である。

◎ドイツ国民の偉大さは、根強さにある。日本国民の偉大さは情熱にある。

◎私たちの生きている世界はせまい。だが私たちの生きようとする世界はひろい。

我が来し道

〝ある人にあたえし手紙の一節〟

1．私はその手紙を真実に書きつけた。

2．私はそれを私信とは思はない……。

3．私は常に人をはげますに私の過去を以てする。

……実際考えてみると、私の母は実に偉大な人だと思います。内助の功を全うした人なのです。……気むづかしい父に仕えて、よく、あれまでに辛抱したものだと思います。父が、その名を全うし得たのもこの母があったからです。母……。私はこの偉大な母によって育てられました。

母の家……それは貧のどん底にありました。私の家……私の家も私が生れた頃は全くのどん底だったのです。父の話によると借金が千円もあったのだそうです。それでいて、家は百姓なんです。この借金……この借金から逃げ出さねばならないと言う悲惨な時代に私は生れたのでした。

しかも父は独創性にとんだ、先覚者らしい天才肌の人間ですし、母も勝気な人で、父と意見の相違することも多々ありました。それだけに、家には争がたえなかったのです。勝気といっても母の勝気は父と争う勝気ではなかったのです。

どんな貧にもたえしのぶ勝気だったのです。そして、貧から抜け出ようと一途に努める勝気だったのです。それにくらべて父の方は、自分より不遇なものがあれば、どんどん与えてやると言った風な性格だったため、折角の母の苦心が往々にして水泡に帰するような事がありました。で、性格も徹底的に相違していますので、幾度か、結婚生活の危機に瀕した事もありました。がしかし、遂に現在に到ったものは、実にこの結婚が恋愛結婚だったからだと、母の弟、即私の叔父が言っていました。

この父と母との間で私は成長したのです。

幼なかった時代の私の頭に残るものは、唯父が母を叱っている姿だけなのです。母はよく泣いていました。ある時は私たちをおいて家出した事もありました。しかしこの父を助けて行く人はこの母より外になかったのです。それ程父の性格はかわってもいました。

第一、私の村人に蚕をかわせるように努めたのは私の父でした。村に養蚕所が出来た時第一回の養蚕教師をしたのも父でした。今でも父が養蚕所の前に立って、気むづかしい顔をした写真があります。しかもこの養蚕所から一番先に手をひいて、独りボッチにさせられたのもこの父でした。気むづかしい父は村人に容れられなかったのです。けれども養蚕普及のためにはずいぶん努めました。この父でなければ判らない事が、色々あったものですから、村人がよく相談に来ました。すると父は真実に教えました。そして、それを実行してくれない時父はすぐ怒り出すのです。

一時は親類まで遠のきました。

その間母は唯努めにつとめたのです。

母は私に対してはほとんど怒りませんでしたが、姉はよく叱られました。

叱られること……それは、誰が叱られるのであってもすぐ私を悲しい気持ちにしました。

ですから、父が母を叱っていても、母が姉を叱っていてもまず泣き出すのは私でした。

大正元（1912）年

大正3（1914）年

こうした暗い家が明るくなったのは欧州大戦以後でした。

蚕は都合よく行き、景気もよくなり、村人も父に対して、父を苦しめなくなりましたから、父は全力をあげて、家運回復につとめました。

だから私たちも小さい時から、ずっと家の用事をさせられたものです。

今思い出しても、友だちと愉快に一日あそび暮したという記憶はありません。

がしかし、草ひきをしたり、山の上で一人であそんだ思い出はいくつも残っています。

私が今、空を愛してやまないのも、その頃に培われた感情なのでしょう。

小学校へ行き始めての私はやはり悲惨でした。誰もあそんでくれる者がなかったんです。成績もいい方ではなく、殊に読方は皆目出来ませんでした。算術も成績が悪かったように覚えています。けれども私は常に姉にはげまされました。姉は実に、よく、私を指導してくれました。

そして成績を回復して行きました。

私の成長と共に家はだんだん暮しよくなって来ました。

けれども私の気持ちは少しもかわりませんでした。


私をなぐさめてくれるもの、それは旅であり、山であり、日であり空でありました。

今でもおぼえています。祇園祭の夜を……。

私の隣村に祇園様があります。そのお祭は、私たちの村近くでのたった一つの夏祭（大抵は秋祭なのです）なのですから、そのにぎやかさといったら大変です。で、大抵の人は午後から夜へかけてまいるのです。

それはたしかに尋三の時の夏だったように覚えています。

祇園祭の日、私たちは田の草とりに出ていました。

が私はまいりたくて仕方がないのです。けれども、父にその事を言う元気はありません。父に言っても父は許さないだろうと思ったのです。……〝母に言う。母に言うとすれば母が父に言う。すると父が母を叱る〟で私は母にも言わなかったのです。

暑い日の田の草とり、しかも小さな私には仲々の仕事でした。

父……。父……、祇園祭、私の頭はそんな事で一杯でした。が父は決して、私の心を知らないでいたのではありません。

「お前にきめてやるから、それだけとったらかえれ」と父は私に言ってくれました。私の喜び……。私はそのあたえられただけを一生けんめいにやりました。本当に一生けんめいでした。

そしてそれがすむと私は大いそぎで家へかえりました。

さてかえってみると、もう四時すぎで日も大分かたむいていました。お腹がすいて仕方がないので、食べるものはないかと見ますと、麦のやましたのがあります。（大麦は、米と一緒にたくまでに田舎では一度麦だけたくのです。これをやますと言います）

たべものと言ってもそれだけで、それも本当はそのままでたべるべきものではないのです。けれども私は、それをたべるより仕方ありませんでした。ボロボロした飯を二三杯かきこんで着物をきました。そして一人で出かけました。

お小使一文ももってはいないのです。テクテクとあるいて、やっとお宮へまいりはしたものの、私は本当に淋しい気持ちがしました。お宮へまいるよりも桃やら梨を買うのがたのしみでまいるのです。店屋の前をウロウロしていましたが、どうすることも出来ませんでした。

フトある本屋の前で、私は十銭文庫というのを見ました。

みんなが本をひろげて見ているので、私もそっと、その本をとりあげて見ました。すると、私がかつて聞いた事のある、義経や、那須與一の名が出ているではありませんか。何でもそれは日本外史を、和文になおしたものだったようです。

私はどれ程その本を欲しく思ったでしょう。けれども十銭どころか一文もなかったのです。

隣村から私の村へかえるまでに白浜にそうて道が十丁ほどつづきます。景色のよい道で、浜のつきたところに岩山があり、岩山をまわると、村へ入るのです。

その岩山まで来たとき日はもう暮れかかっていました。

真赤な日でした。私は海にのぞんだ岩の上に腰を下ろして、ジッと夕日を見つめました。夕日が「本」に見えました。

岩にあたる波がしずかな音をたてて夏の夜がしずかにやって来ようとしていました。私は岩の上で日が暮れるまでいました。

十才の私にこうしたセンチメンタルな気持ちがあったのです。

かえってみると家では夕飯の最中でした。お母さんが、

「お前は麦のやましたのをたべて行ったのか……、可愛そうに」

そう言ってくれた時私のかなしみが堰を破りました。そして私はわっと泣き出しました。

「そして小使もやらなかったな」母の言葉はやさしかったのです。

その夜母は、「私がこれからまいって、桃を買って来てやろう」と言って出て行きました。私の欲しかったのは桃ではなくて本でした。

けれども本が欲しいとはとうとう一言も言えませんでした。

こうした父と母でした。

独ぼっちながら私は割合素直にのびて行きました。子のために小使をやらなかったと言って桃を買いに行って下さる母、子の心を察して、田の仕事を早く切り上げさして祭へまいらせる父。

成長せる今、私はつくづく感謝しています。

貧であり気むづかしい父であり、また不遇であった父は同時に最も子を愛する父でした。

その父が私に言った言葉「私はお前を三十まで勘当したと思う、だからどこへでも行って、出来るだけ勉強して来い」と。

父はその言葉の如く、一度だって、私のする事に嘴を入れられたことはありません。唯あたたかい愛の目で見守ってくれています。

私が、努めているのもそのためです。……三十にして父の許へ正式にかえる日……私は何を父に贈ったらいいでしょう。父の五十五年の苦闘は父の現在を築きました。更にこの父を幸福にするもの、それは私の責任だと考えています。

私の家には今黎明が来ています。

夫婦仲のよさ……、それはまるで新婚のようだ……と村人の羨望のまとになっています。家へかえるたびに私はいつも頰笑まされるのです。それはみんな苦しみの後に来る喜びなのです。

野に出るにも、寺へまいるにも、また遊びに出るにも多くは父と母と一緒です。

私は幼くして暗い家を見ました。母を叱る父を見ました。（私もあるときは家庭をいとうた事もありました。）けれどもそれは決して父や母の本当の姿ではなかったのです。今物静かに次の世界を築くために働いている父こそ、本当の父なのです。ここへ到るためにはあの暗い日をすごさねばならなかったのです。

君は決して、母が真の母でないからといって僻《ヒガミ》を持ってはなりません。

暗い家……そこにもやがては明るい光がさし込むでしょう。

君の父と、私の父とは非常によく似ている。唯君の父が、国老の子であった、武士としても最上級にあった、というだけの話である。

また母が真実の母でない。それは私も共にかなしむ。けれども、今の暗い君の家にあって、よく、努めていられることを思えば感謝せねばならぬ、君のような大きな息子まである家へ、どうして、普通の人が来るものか。母の苦しみ……それも察するがよい。君が成功の日、君の家にも、また私の家の明るさがあるだろうと思う。……。

◎この友にあてた手紙は、都合三本、継母につかえてなやむ友をはげましたものの一部です。がフトここへも書いてみました。

戦い

◎これもまた四国の方にいる友にあたえた手紙の一節です。

私は人に対してはずいぶん書きますが、これをどうするのでもなく、私の考えも、手紙にのみよくあらわれます。そして、それは決して、秘密なものでなく、誰にでも読めるようにした文なのです。でこれが少しでもあなたの心にふれたら私は幸福だと思います。


（略）……君はあの淀川の東にそうた寄宿舎にいたころの私を知ってるでしょう。私は二階、君は下でしたね。けれども、一年も一諸にいても比較的深く交らなかったのが残念です。二階と下……それは、隣同志よりももっと遠いように思われましたね。

あの頃です。私も今のあなたと同じような煩悶にとらわれたことがありました。けれどもそれをきりひらく事が出来たのは全く、恩師の力です。恩師はありがたいものです。どんな事でもきいて下さいます。

あの松本先生。今君の住む近くにおられる先生。

あの先生が私にこんな事を言いましたよ。「君は気が弱すぎる。そんな事では成功出来ない」と。

ところが君についても先生は同じような事を言っていました。

色々なところからくらべて、二人はよく似ていますよ。

今こんなに親しく話しかけることの出来るのもそのためですよ。

さて弱かった私。その弱かった私が強くなれたでしょうか。

決して決して強くはなれなかったのです。だから今でも弱い人間なのです。

唯ここまで来られたのは恩師の力です。

私はね、未だ郵便局にいたころに、煩悶のあまり長いセンチメンタルな手紙を先生に書いたことがありましたよ。

けれども先生からは遂に返事が来なかったのです。その時の私の失望ったら、「ああ先生は僕の事なんか忘れてしまっていられる」とさえ思いましたよ。

がそれは誤解でした。やはり先生は私の力になってくれました。

つまり、私がここまでやって来たのも常に先生が背後から力づけて下さったからです。

これについて私はいいものを読みました。それは中江藤樹先生の手紙です。

先生が弟子にあたえた手紙なんです。そして問題は、その友達が、学《ガク》ならざるために自棄になって酒をのみ出したのです。それに対して弟子へあてた先生の言葉なんです。「決して、友の事を忘れるな、常に友の庇護者であれ。友を力づけてやれ。そして友から、学ぶ気持ちを失わないようにしてやれ。

そうしたらいつかは目覚めるであろうから。それによって、友を捨ててはならない」と言った意味の事が書いてあります。……これは親心です。

教師の親心が、教育の根本である如く、友の親心が、その人の力となるものだと思います。ですから私は言います。

どうぞ、勉強をしようという気持ちだけは捨てないように。

そして弱ければ弱くていい。私があなたの力になり得る限り、私は、あなたによびかけましょう。待っていて下さい。

冬休みには行きますから。そして話しましょう。そしてまた私はもっとあなたを松本先生に、結びつけたいから。

ねえ、人生は戦ですよ。

死ぬる日までの戦ですよ。

恩師 松本繁一郎先生

遠い灯

◎これはこのノートに書くべきものでないかも知れぬ。けれども私の心の中を語る一つとして、そして
それがまた、あなたへの何かになるように思いましてここへ書いてみたいと思います。

大正十五年の秋でした。私をのせた汽車は、月の美しい西條高原を東へ走っていました。少しばかり欠けてはいましたが、冴え冴えした光をゆるやかな起伏の上におとして、私の旅愁をそそりました。

こんなにいい月を、どこかで静かにながめたい。と窓によりながら思いました。やがて汽車は深い山峡へ下って行きました。この谷を出ると三原。三原から、糸崎、糸崎から尾道です。尾道でとうとう決心して、未だ見ぬ町へ降りました。そして、あてもなく町をさまようて何時か千光寺の石段をのぼっていました。本当に静かな夜で玉の浦が月に光って見えました。伊豫へ行く船が出るらしく、「早よう来なされやあ……船を出しますぜえ……」と港の方から呼ぶ声がしました。私は月をあおいでは一段づつ上って行きました。

そしてあまり気持ちがいいので、崖の上にのぞんだ岩の上で、三時間も時を過しました。

こうして、夜更けの汽車で尾道をたちました。

岡山をすぎたのは四時半、舟坂山をこえる時は曉方でしたが大へんな霧でした。

霧深くとざして峯は見えざりき舟坂こえて東する道。

これがその時の歌です。舟坂は、児島高徳が後醍醐天皇をお待ち申したところ。私にはなつかしい地名なのです。こうして姫路へついたのが午前八時近くでした。姫路で何となく心をひかれて再び汽車をおりました。

そして姫路城へ上りました。この城は町の中央の丘の上にあって四方の景色が手にとるようです。一人旅の侘しさと気安さは、天守閣の上で、午後の日ざしがななめに城の中へさし込むころまでいました。　そして、北に遠くそびえる書寫山をいつまでも見ていたのです。笑って下さいますな。私にはこうした幼稚な気持ちがあるんです。

がその時、何故そんなに長い間そこにいたかっていうと、私は美しい伝説を思い出したからなのです。それから今まで、時々その伝説を書きとめてみたいと思っていたのですがその折がありませんでした。今日「出家とその弟子」を読んで是非ともあの想をまとめてみたいと筆をとりました。

〔この後には書寫山の開基、性空上人と室津の遊女の伝説が記されている。かなり長いものであるが、終わりの部分はない。恐らく伝説に続けて何らかの感想が書かれていたのであろう。ノートが何頁か切り取られている。〕

農に生まれ農に生きる

私の郷里と私の父親

私が生まれたのは、瀬戸内海の西のはしの方にある周防の大島というところの北海岸なんです。北にわりあい広い海があるので、冬になると波がたち、その波が自分の家の石垣にうちあげ、屋根をこえ、南側にある道にふりそそぐというところでした。すぐ家の前にお宮の森があって、風がそこにあたると一日中、ウォーウォー鳴っているという、明るいところではあるけれども、半面淋しさのあるところで育ってきたわけなんです。

私の生まれて初めての記憶は、子どものとき、子守の背中にのって、ひもじくて泣いて、泣きやんでみた夕空に月がかかっておったということなんです。これが、私の生まれて初めての印象だったのです。

私の子どもの時が、家の一番貧乏な時だったんです。私の父親が祖父から家をついだときに、家の借銭が当時の金で八百円ほどあったというんですが、これ位大きな借銭のある家では、カマドを返すといって、破産して夜逃げをしたもんなんです。それを父親は夜逃げをせずに、借銭を払うことにけんめいになったんですね。たしか明治二十七年だったと思うんですが、太洋州のフィジーという島に出稼ぎに行ったんです。そこで失敗して、風土病にかかり、二五〇人ほど行ったうち、最後に神戸へたどりついたのが一〇五人、半数以上が死んで、これだけがやっと生きてもどってきた。金持になろうと思って出ていったさきで、そういうふうになった。それでも、郷里というところは敗残者をかかえてくれるところだったのです。ですから結局郷里がよくならなければ、人間には幸せはないのだというように父親が考えるようになったんです。それが、大きな借銭があっても父親に郷里をすてさせなかった原因だったようです。

山口県大島郡東和町（現：周防大島町）の宮本家、昭和30年代。常一の生まれた頃に建てられた。一階も二階も養蚕時期には蚕を飼うようになっていた。

民俗学と私の出会い

民俗学というものに、はっきり自覚して取りかかろうとしたのは、病気がよくなりかけて故郷《クニ》でぶらぶらしているときに「旅と伝説」という雑誌で柳田先生が昔話を募集していたんです。ひとつかふたつ書いて送ればよかったんだけど、子どもの時から聞いていた話がたくさんあったもんで、大学ノートに書いたんです。書きあがったら締め切りが過ぎていたんですが、せっかく書いたんだから送ってみようと思って柳田先生宛に送ったんです。

そしたら先生から手紙と書物が送られてきまして、きみがこういうことをやっているのはたいへん結構なことなんだから、もっと本格的に集めてみたらどうだといわれて、それから、そういうものかなあと思って集めてみたということなんですね。これからほんとうにやらなくちゃいかんなと思ったわけでなくて、とにかく、いわれたからやろうかいというのが、ことのおこりだったんです。

忘られぬ、ふたりの先生

一番印象に残っているのは、高等科一年の時に習った先生ですね。かなり文学好きの先生だったんですが、この先生によって初めてぼくらの中にあった固定観念が破られたんです。絵を画くときも、それまでは線が第一で、薄く色をぬっていたのを、荒いタッチで画くのだと教えられたり、綴方も自分のいつも考えていること、それを書けばいいんだといわれて、きらいなのが好きになったりしたもんです。ところがその先生が一年ほどで転任になってしまったので、あまり残念なのでみんなで後を追っかけていったりしたんです。そのあときた先生は、人は良かったんですが、前の先生がやめた余韻があったり、真価がわか

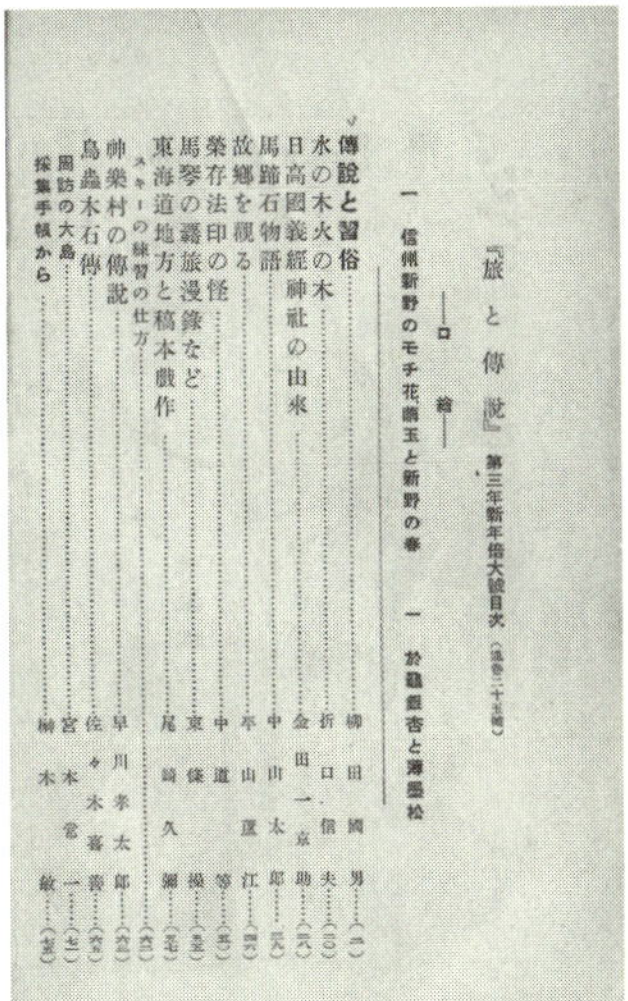

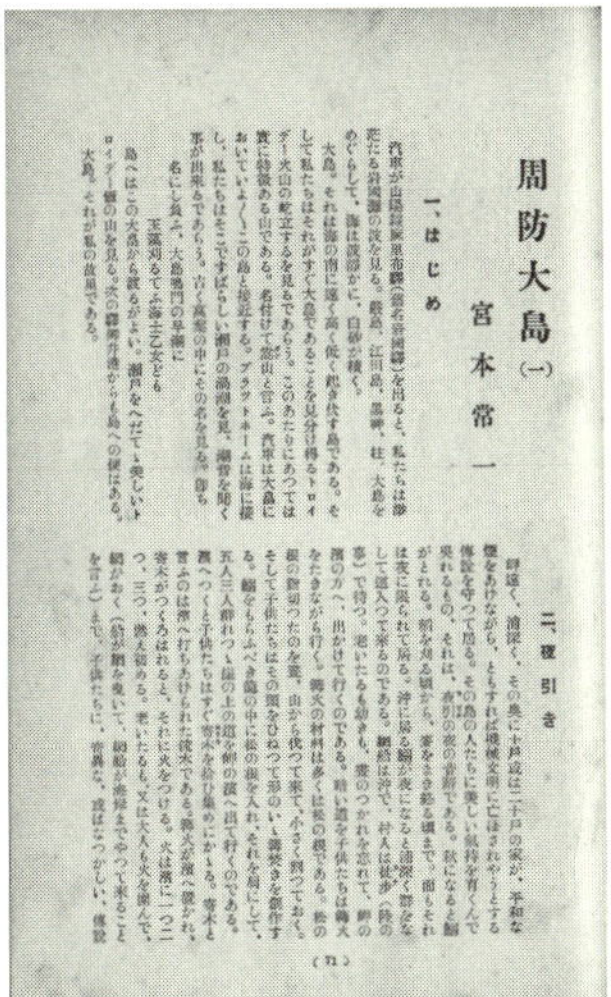

原稿が初めて活字になった「旅と伝説」
昭和5（1930）年新年特別号の表紙・目次・本文

らなかったりして、気にくわんもんですから、私が大将になって、ストライキをしたんです。そのために、ついにその先生がやめてしまったんですが、やめる時に、ぼくに〝きみは大きくなったら学者になれ、この書物はたいへん参考になると思うからきみにやる〟といって、『瀬戸内海論』という書物をくれたんです。私はその書物を今でも持ってますが、ストライキをやった生徒を憎みもせずに、本をくれたんですから、今思うとやはり偉い先生だったんですね。

その先生が去ってしまった後、担任の先生がいなくなったんです。ああいう、物騒な組は教えられんということになって、とうとう高等二年のとき私がみんなを教えなきゃならなくなったんです。教えるといっても問題を全部自分で解いておいて、それから教壇に立って、みんなわからないところを説明するという程度のことをしたわけなんです。そんな調子なので、学科が遅れてしまい、三月の末までに終らなくなってしまい、仕方なく、校長のところへいって、ぼくらは全部すまないと卒業した気持ちにならないから、卒業をのばしてくれといったら、卒業式をのばすことはできないが、卒業式がすんだら残りをワシが教えてやろうということになって、とうとう四月半ばまでやったですよ。ずいぶん荒っぽい組だという声と、責任だけは果すじゃないかという声とが入りまじった、妙な卒業生だったんです。

戦争に真正面から立ちむかえ

戦争に対しては、私はこう思っていたですよ。戦争にはどうしても勝たねばならない。この国土を荒されることは、許しがたいことだ。けれども勝てない、と思っていたんです。それで、生徒に私がやったことが、ふたつあるんです。とにかく自分自身を醜いものにしてはいけない。どんな戦場の中でどんな現実の中にあっても、現実を見つめつつ、人間はやはり美しいものを求めているんだという気持ちを失なっちゃならない。ずっと和歌の講義をしまして、自分自身が和歌をつくる人になって、和歌的なものの見方をしていけ、そうすれば、人間性というものを失なわなくてすむんじゃないかということを絶えずいっておきました。もうひとつ、一年ほど歴史の先生をしている間に、徹底的にこの戦争は負けるんだという話をしたんです。負けるんだからといって、戦争からわれわれは回避しちゃいけない。戦争に立ち向え、戦争に真正面から立ち向う者だけが、戦争がすんでから日本をほんとうにたて直す者になるんじゃないかといったんです。ですから、きみたちは戦争に行け、行って残忍なところを思いきりみてこい、みてこなければ、戦争がどんなものだかわからないんだ、けれども、絶対死んじゃいけない、どんなことがあっても生きて帰ってこい、それがはじめて日本を復興させる力になるんだ、といったんです。

幸いにして私の教え子の中から、戦死者はひとりもでていないんです。彼らは帰ってきてから、この日本の再建を非常に熱心に考えてくれたと思うんです。ですから教え子の中には負けたからといって劣等感をもったものはひとりもなかったように思いますね。

助けてくれた農民たち

私は農民を信頼していいと思ったんです。これには理由があるんです。

昭和二十年に私は大阪府知事からくどかれて府に勤めることになったんですが、その仕事というのが、欠乏した青鮮野菜の供給ということだったんです。これは、農民を信頼して農民から自発的にだしてもらう以外にないんです。それぞれの地方で中心になって働いているのは、村長でもなければ、農業協同組合長でもないんです。その地方にいる篤農家なんです。あんたが中心になって野菜を供給してくれと篤農家たちをひとりひとりくどいて歩いたところ、彼らの何人かは十のものを十六も十八もだしてくれるんですよ。大阪の焼跡に残っている百万ほどの人たちの栄養調査を衛生部でやったところ、栄養失調になってる人は、たった千人位しかいなかったですよ。これはお互いにあいみたがいの気持ちがあったからですね。ぼくは、そのときは、ほんとうに農民を信頼したですね。その連中が大阪の人間を決して飢えさせやしませんといってくれたですね。お互いがお互いを信じて助けあったことが、この苦しい状態をきりぬけてきたんじゃないですか……。

農民への批判に答えて

農民の悪さというのは見てきているが、大切なのは全体として流れ、動いているものだと思うんですよ。その中で、後ずさりや摩擦があったりしても、それがはたして農民だけのものかどうかを考え直す必要があると思うんです。それは決して農民だけのものではなく、日本人全体の問題なんだと思うんです。

農民の世界では、義理・人情がやかましくいわれているというのだけれど、決して農民だけのものじゃない。なぜかというと、社会保障というものが社会的責任においてなされていく場合には、われわれが世話になったという特定の人を持たないから、頭をさげる必要はないけれど、そういう制度がない場合は、だれか個人に世話にならなきゃならないんでしょう。そこで義理・人情がでてくるんですね。農村社会の中の貧しい百姓は、村全体から助けを受ける場合よりも、特定の人間に助けを受ける場合の方が多いという社会構造なんでしょう。これは決して農村だけでなく、小経営をしていて社会保障がないという世界に共通してでてくる現象なんですがね。

あくまでも第一次産業にたずさわって生きているのが農民であり漁民である。ここにすでに大きな限定がある。その限定の中で生きている人間像としての農民をとらえるべきじゃないかと考えているんです。

そうすると、実際に私が村でぶつかり、みてきた農民というのは、むしろ非常に堅実なんじゃないかという感じがするんですが。これだけ縛られた、狭い世界の中でこれだけトラブルを起さずに生きてきたというのは、珍しいことなんじゃないか。これを端的にあらわしているのが、農家だと思うんです。農家にはいまだにカギのかからない家があるんです。夏になると、あけはなして寝ている。まず町では、みられないと思うんです。これは明治もそうだったし、江戸時代もそうだったんですが、敵を意識したら、できないことなんです。

もうひとつ農民について言っておきたいことは、農村を新しくしなけりゃいけないということは、大局的な立場からはだれもわかっているんです。農民自身もわかっている。農村へ話にいくとき、文化的な話とか、生活改善ということでは、いま人は集まらないんです。テレビやラジオでそんなことはやっているというんです。ところが、こと構造改善ということになると、どこへいっても人は集まるんです。決して、それは若い者だけじゃない。私が戦争が終わったあと各地を歩いてみて感じたことと同じことを、いま感じるんです。いつも新しい物を求めているんですが、その求めることが周囲を傷つけることであってはならないとみな思っているんです。もうひとつは、貧乏くじをひいてはならないという気があるんです。耕地面積をいまより拡げ、経営をうまくするということは、だれかが犠牲にならねばならないということなんです。その中で、その人たちが、頑迷だ固陋だというのはまちがってるんです。どこか行くところがあれば、その人たちはいくんです。長野の水害地を歩いてみると、そこで不安を感じた人たちが、駒ケ根というところに百何十戸が移ってきてる。そこでの暮しというのは、ぼくらの目から見ると決していいものじゃない。にもかかわらず、でてきたことを喜んでいる。あの人たちに水害がなければ、移り住むことはなかったでしょう。なにか大きな災害をうけたり、壁を感じなければ、現状をすこしでも維持しようとする。そうしなければだれかが傷つく。みんなが傷つけば、すぐきりかえがつくんです。ですから、それを内部でもって処理していけというのは、つぶれかかった会社を社員でもって支えていけというのと同じなんです。やはり外部的に処理されなければ、村は新しくならない。その力は村の中にはエネルギーとしては存在するが、方向づけるものはないんだ、これはあらゆる産業に言えるんじゃないかと思うんです。筑豊の炭田を見てもよくわかると思うんです。あの生活を突きくずされることがどれほど痛いことであったかということなんです。あの生活を守ることを、頑迷であり、旧弊であり、固陋であるという人はひとりもいないんです。むしろ、ああいう形でつぶされていくことに対しての社会問題にみなが、声をたてているんです。そういう形でもって農民というものが、社会一般の人からも見られないものだろうか。そういう点で、農民を見る目は非常に冷いと思うんです。

目標をみつめる中から

国全体の若い人たちが否定と反逆の論理を持たなければならないのだが現状ではそういう時期を通り過ぎちゃってるのじゃないかと思うんです。否定の論理というのは、最初に自己を確立して、自分がとっ組もうとしている対象と同じ比重で向いあってるときに出てくるものなんですがね。それが今はなくなって、一応自分が就職したいところへいける、そういう場ができている、そこに否定せられるものが、ある意味ではなくなってきている。否定というものは、目的へ接近するのが非常に困難な条件がある中から生れてくると思うんです。

しかし、そういう条件がなくなってきたといっても、いつまでもこういう状態がつづくわけじゃない。いつかは、やはり、こういう中にあって、われわれがもう一度、自分のたずさわっている職業からシャット・アウトされるような世の中がくるのじゃないかと思うんです。

日本では大学教授は、停年でやめてからはあまりすばらしい仕事をした人はいませんが、ヨーロッパなんかでは逆に、停年をすぎた年代からすばらしい仕事にとりかかっている。これは、年をとった人たちの若い人たちに対する一種の抵抗、年をとってからオレの若い時はこうだったと自慢話をするのではなくて、その若い者に対して、もう一遍自らの論理を新しくしようとするところから、過去の体験を通じてそれを理論づけようとして生れてきたものだと思うんですがね。いま若い人たちに、抵抗を求めることは困難だと思うんです。しかし、若い人たちの中でも、自分たちの場、自分たちの夢を打ちたてようとすると、抵抗の論理はでてくると思うんです。

ところがいまは、ひとり、ひとりは安定した世界を得たいと思っているけれども、全体としてそれを持とうという意欲を失なっているんです。これは、農村を歩いてみるとよくわかるんです。お前はどうしたいかというと、ひとりひとりは自分のところを百万円農家にしたいというんですが、村全体を百万円農家にしたいという意欲を持ってる人がいなくなってるんですね。すべてが自己自身の問題になって、周囲は外に置かれてるわけなんです。

社会というものがほんとうの意味で自分の中に生きてこなくなると、否定と反逆の論理というのは消えるんじゃないですか……。

今まで日本人は自己の確立がなかったし、これから先もないんじゃないかという不安があるんです。非常に難しいことだけれども、どんな形の中でもいいから、自我にめざめ、自分を大事にし、自己を確立していく。そのためには、自己を中心とした社会というものが、みんな同じような歯車をもってかみ合っているのだという認識を、人びとは持たなければならない。人間と人間との関係をもっと創造的な形でうちたてていかないかぎり、世の中はどうしようもないんじゃないですか。

昭和30年代末ごろの宮本常一

歌集　樹蔭

更正記

私が和泉の南の方田尻で病気を出したのは昭和五年の一月であった。急に四〇度を越える熱におそわれたのを、きかぬ気から無理して一週間も起きていたのが悪かった。その熱は唯の熱ではなかったのである。私の身体にはすでに恐ろしい病気が巣喰うていた。肋膜炎と診断されてから思うてみればすでにその前年の五月頃から、盗汗が続いたり、胸にきりをもまれるような痛みを感じたりしていた。でも子供の事に熱中して夜は大抵二時頃まで起きていた。

教えていた子たちは、みんな可愛いかった。今でもあの子たちの目《ま》ざ《な》しは一人々々思い出せる。それらが交替で毎晩のように私の家へ来ては勉強した。それを九時半には送って行って一軒々々へ届けた。それからかえって初めて、私は私の時間を持った。

子供らの笑めるが一つ一つ目にも見ゆ夜更けて一人採点す我は
採点を終へて二時なり冷えにける茶をすすりつつ心安けし

その頃の歌にこんなのがある。子らと手をつないで歩く道はたのしかった。それが十二月の末近くには、子供から大変やせたと注意されるようになり、心ひそかに警戒していたのであるが遂に及ばなかった。

同僚の先生たちは心配してくれた。子供らは毎日のようにつめかけた。朝鮮から来ていた孫晋澔は自分の家から布団を持って来て、私のそばでねてくれた。そうして夜半起きては枕の水をかえてくれた。子供の冷い手が額にあたる度に私は涙が出てしかたなかった。

医者はどうしても故郷へ知らせたがいいという。私もやっとその気になって、二三の人に手紙を出した。すぐ来てくれたのが重田堅一兄であった。

私はこの友の友情の厚さに、今でもシミジミ思い出して涙する事がある。私を師範の専攻科へやってくれたのも、この友と言ってよかった。君はその給料をさいて私の学費を貢いでくれたのである。そうしてまた、三年の病気の間、一番はげましてくれたのも、この友であった。兎に角、口や筆ではつくせない厚い温いものであった。

やがて神戸にいる叔父が来、くにから父母が来た。私の気はいたってしっかりしていたけれど、医者の眼には明らかに危篤であったという。一人住いの冷い家に人が殖えた。多くの人々に守られて、幸い身体は次第に恢復して来た。

しかし訪問者が殖えて、話がはずんだりすると、翌日は熱が出ていけなかった。その結果は第二の危機にぶつかってしまった。それまで毎朝氏神さまに跣足でまいっていてくれた孫は、再び危篤だといわれて、一日中泣きつづけ、学校へも行かなかったという。一里近い蟻通の宮へ日参しはじめたのもこの時からであった。

毎朝入口で母に、

「先生は?」

と聞く声が今でも私の耳に残っている。私はこの子のためにも元気になりたいと思った。私の手をやかせた子であった。その子が、こうまで私をおもうていてくれたのかと思うと唯ありがたかった。

三月に入って起きられるようになったが到底勤務出来る身体でもないので休職して故郷へかえることに

した。再び出て来られるかどうかも分からぬので、米井先生、金子先生、親しい友重田、野仲両兄にもあった。神戸では弟と写真をとった。しかして心ひそかに来るべきものを待つ気持ちになった。しかし父と母にまもられての旅は心を和かにした。私の生涯恐らくこの旅ほどしみじみしたものはないであろう。地理に明るい父は、瀬戸内の島々の名など一々教えてくれられた。母は私をささえるようにしてそばにいた。

名なさずば再び見じとちかひたる故里の土病みてふみたる

故里での生活はわびしかった。肋膜ばかりでない、肺もいけないと言われていたので村人も快く思わなかった。ただ父母のあたたかい庇護があった。でも貧しい家は富める家のように明るくはなかった。当り前なら、ボツボツ隠居してもいい父が、それからまた人一倍はたらかねばならなくなった。

その上私は五月に入るとまたまた発熱して寝なければならなくなった。血痰が出て、明かに肋膜ではなくなっていた。

姉は一里ばかりあるところの小学校へつとめていたが、そのために、高い峠を越えて毎日通勤をはじめた。母は出来るだけ私のそばにいてくれたが、田畑の方がいそがしくて、そうばかりも出来なかった。夕方など、もう暗くなっているのに母も姉もかえらず、灯もともらぬ部屋に、一人ポツネンとねていると無性にさびしくなって、母をよんではないた。

「何の?」

二階の上り口から(私は二階にねていた)顔を見せて母が言うと私はそれで安心した。

天王寺師範二部入学のころ。重田君、桧垣君らの名が見える。大正15年4月、18歳

歌友 野仲君

療養のため帰郷の折、神戸にて弟と。
昭和5（1930）年3月、弟（左）21歳、常一24歳

小さい時から感じ易くて、泣きみそだった私には、二十五になっても未だこんな心がのこっていた。幼な日はよく叱った父が、病中は母よりも姉よりもやさしい心を投げて下さった。父がそばにいると私の心は強かった。父はポツリポツリ田や畑の話をしたり、野の色のかわって行く事など話して下さったりした。

父は典型的な農夫で、村の誰よりも野や山の色に心をとめていた。田畑へ出ても、どんな忙しい時にも、一通りは持地の作物を見てまわらねば仕事にかからなかった。枇杷や梅の大きくなって行く事も一々父の口から語られた。

誰も訪れて来る者のなくなった家に、嬉しい来訪者は医師であった。医師の二宮さんは私には神様のような人であった。二日に一度づつやって来ては、長いこと話して行って下さった。よく太ったしかし声の低い、やさしい医師であった。この人が来て下さるだけで気分がよかった。

もう一つ力づけてくれたのは古淵であった。古淵は名をスミ子、私はいつもスミちゃんと言っていた。田尻での教え子で、私がまた故郷でねているときいて、不動様に願をかけたり、水垢離をとってくれたりした。そしてやさしい手紙を折々寄越しては慰めてくれた。子供たちには病気が病気故、手紙をくれるな、返事が出せぬから、と言ってやったのに、この子と、孫と、教生時代の教え子和泉だけは文通をたたなかった。

秋、稲の色づく頃、私は再び起きる事が出来た。糞尿の事まで一々母の手を煩わしていたのを、やっと自分で出来るようになった。

大地に立った時は、北風に青々と波立つ海を見た日は、黄金色の野を見た日は、ただ感激で一杯だった。そうした姿に一入《ヒトシオ》喜んで下さったのも親であった。私は何故あの頑丈な父の胸にもたれて泣かなかったか。

思い出す度に一つの悔を覚える。一言の感謝ものべなかった私である。

私を元気にして下さった父はそのために無理な日が続いた。私が上阪してから一年を待たず、病床の人となった。子のために、その労苦多き生涯をささげたのである。私はここまで書いて、もう筆がすすまなくなった。涙が滂沱《ボウダ》としておちる。

再び筆をとる。

私はどうして、こう多くの犠牲を要求するのであろう。私の魂の中には、私の身体の中には、どんな悪魔がひそんでいるのであろう。私の周囲には私のために死んだと言っていい三人がある。狂える人がある。不幸になった幾人かがある。何故こうなったのだ。

最初の犠牲者由利君は丹波の山中で、私と同じように肺を病み、村人にきらわれつつ死んで行った。この友は私の郵便局時代の共同生活の、いい相棒だった。私の狂的な読書振に刺激されて少なからぬ無理をし、温和にして若草の如き身体をこわしてしまったのである。

第二の犠牲者は父だった。父には遂に一日の安らかな日さえも送らせ申した事がなかった。

父に対する思い出は多い。私が小学校を出て大阪に来てから、何かと用事があると言ってよくやって来られた。ある時などは、やって来たから来いと言うので叔父の家へ行くともうこれからかえるのだと言っていた。そうしてなけなしの財布から汽車賃と汽船賃をとると、私に手をうけさせて、財布をさかさにし、サバサバしてかえって行かれた。弁当を買う金を、と言っても、家へかえったらたべられると言って、ぶらりと汽車にのってしまわれた。後できけば別に用事があって来られたのでもなかった。私の顔が見たかったのである。こうして貧しい水呑百姓の父が、年二三回は大阪へやって来た。それほど子煩悩だった。しかし、甘い言葉一つかけてくれる父でもなかった。それでいて、私のする事には何一つ反対せず、話せばよく理解して下さる父であった。桧垣月見君がいわゆる左翼時代、私の家へ来たことがあった。私はひそかに父にその事を言った。しかし、君が来てからも、心から喜んで、いやな顔一つしなかった。私はそれをどれほどうれしく思ったことか。

このよき父はしかも今亡き人である。

第三の犠牲者は吉田君であった。吉田久夫君は、私の病んでいる頃やはり病んでいた。そうしてこの友との間に盛な歌通信が開始された。本集におさめられたる歌は、君に送った昭和六年春から昭和七年春にいたる一ヶ年間のものの大部分である。君に書き送ると君から評を書き入れた返事が来た。君の評は実に丁寧なもので、私の歌の誤字やら文法の誤りやらを、一々訂正してくれた。ある意味では自然著《ジネンジョ》に等しい私の歌の師とも申すべき人は君のみと言ってよかった。これに対して私は実に辛辣に君のものを評した。感じ易い病者に、この評がどれほど強くひびいたかは想像にかたくない。君の第二の発病の一因は、この私の言葉にあったと言ってよかった。病者にとっての和歌は一種の慰め程度であれば、それでよかったのである。

再び病みついた時君を見舞うと、最初に「僕はあせりすぎた」と言った。今も針をさすように胸にこたえる。――それから君は再びたたなかった。

狂える友、不幸なる人々に対しては鉛の熱せるをのむ苦痛を感ずる。この人々についての負債の正しき弁償の途が私の更生であるとも考えている。黎明に向って進む魂は、かくまでに周囲の人々をいためつけなければならぬものか。しかもそれらの人々は私にとっては最愛の人々なのである。彼の冨嶽麓の白隠禅師の墓を憶う。師の墓をとりまく幾十の無名の僧の小さく冷き墓石。雨にさらされ、風にいためられる石の下にねむる幾十の魂。ひたすらに道を求めつつ敢《ア》えなくなった生命。彼の冨嶽の秀麗に対して、その師の遂に道到れるに対して、今は夢安らかであろう。

私はまた、私の蒔いた不幸なりし生命のいくつかを抱いてたち上らねばならぬ。しかも私の生活はさんたんたるものである。再びたって以来、私は私の生活を書方草紙のように暗いものでぬってしまった。あくせくとして、あわただしい日がすぎる。

そうして歌を作って見るような気さえ起らなくなった。このまま老いるとすれば、私はあまりにも意気地なしだ。

もう一度生命の炬火《カガリビ》をかきたてねばならぬ。しかし、ともすれば背負いきれぬ重荷に自分自身を見失いそうになる。私はそのたびに父の名をよぶ。父、亡くなっても父は私の最大の庇護者である。私の心のうちに父は死んではおらぬ。未だしっかりと生きていて下さる。――そうした父を思いうかべていると病気の頃がなつかしい。

起きて歩けるようになってからの一年は実に明るくたのしかった。父の明るい顔、母も姉も晴れやかになった。私は毎日歩きまわり、本をよみ、近くの寺へ行って書庫の整理などをした。ファーブルをよみ、万葉集をよみ、また一日中渚辺に座りこんでいることもあった。幼な子たちの仲間に入って氏神の森でひねもす暮すことも屢々《シバシバ》であった。

少なくともあの日は私の第二の誕生の日であった。私は生活におわれるために、あの日を埃の中に埋没してはならない。そう思っていると急にあの頃の記念帖をつくってみたくなった。あの更生の日もすでに三年の過去となった。あたたかい心を寄せて、たえず私を見守って下さった人々に、この記念帖を贈り、あわせて私自身の反省の資にしたい。

ただ最初にうけて下さるべき父及吉田君のいないのが何よりさびしい。

なお巻末の桧垣月見君の詩は、父の長逝に際して寄せて下さった弔問である。私はこの友にも重田君同様になつかしい友情を感じている。

短歌

水　二首

足ひたせば　水はつめたし　水底《ミナソコ》の　青藻ほのかに　ゆれにけるかも

水すみて光とほれる　水底に　藻のつく岩の　あきらかに見ゆ

春近し　二首

ぬくき雨ひねもすふりて　自ら　心ゆたけし　文よみくらす

しめりたる土ふみにつつ　しみじみと　春の近きをおもほゆるかも

浮島にあそぶ　五首

浮島は私の家の沖一里にある島で、まわりは四里もあろうか。

九十九折《ツヅラ》なす　道の曲のはてしなし　一隈《クマ》来れば　次の隈見ゆ

五百重波《イオエナミ》　千重波《チエナミ》　ひろきわだ中に　島三つ小さく　波のよる見ゆ（島のいたゞきにて）

下り来る眼下に　波の白々と　よりてくだくる　弓の浜見ゆ

南風《ハエ》わたる　海のひろごりはてしなし　青波たちて　目にさやるなく

日に光る海まぶしもよ　千重波の　ゆれに　小さき船　帆をはれり

ひねもすを　はれてことなく　海の彼方　静かに紫紺《シコン》に　くれゆく山々

青麦ののびそろひたる丘の道　下れば　浦に　あみひける見ゆ

岬のや　いはほの上にただ一人　暮れ行く海に　向ひてたちたり

春夜　三首

夜の森の　ふかきしゞまに　春蟬の　たまゆら　なきて　しづまりにけり

小便に　目ざめていで立つ　夜の辻に　風ひそやかに　吹きゐたりけり

星かげを　おとして　凪げる　夜の海　沖より遠く　汽笛なり来も

新聞をよみて　五首

何がなく　大き事件の　あるごとき　気のして　ひらく朝の新聞

飢え死の　記事が　小さく　三面の　隅に六行　かかれてゐたり

愛児すて　夫をすてし　狂恋の　女の　記事に　雑誌賣れむか

美しきミス・ニッポンの　記事のせて　今日は　すがしく空はれにけり

日々の　その出来事の一つ一つ　のせて　つきせず　世は事多き

金あらば　遠き国辺に旅せむと　思ひつ、　旅行案内見てをり

病めば　三首

真夜なかに　ふっと目ざめて　己が手に　脈あることを　たしかめにけり

家内《イヘヌチ》の暗きは　我の病みゆゑと　思へば　心傷み泣かるれ

父と　母が　言葉あかるくはなす時　我もゑましく　思ほゆるかな

私はランプの光を愛し、あの石油のもえる音に心をすわれた。幼い日、ランプのホヤをみがくのは私の仕事であり、火を入れてから、夕ぐれの所在なさをジッと光を見つめて、心うつろにジジ……と石油のもえる音をきいていたものであった。故里の家へかえってからも私は、ランプの使用をやめなかった。

うすあかり　尾垂《ヲダレ》の下に　足の　蚊を　おひつつ　ランプのほやみがきをり
じっとりと　からだあせばみ　この夜らは　むしむし暑し　雨と　ならむか
足の垢　手もちてよれば　ぼろぼろと　たたみにこぼる　やみて久しき

まゆ市場風景　十七首

村に県下第二のまゆ市場があって、市場がひらかれると晩春の村は実ににぎやかになる。島内の村々から、沖の島々から、人々が集うて来て、そこにいくつかのほほえましい、またいたましい風景が展開される。

まゆをうる人らあまたが　つどひ来て　市場の道を　うづめたるかも
おのもおのも　己がうり札手にもちて　ならびたちたり　長く一列に
たゞひろき　市場の中は　白きまゆ　山とつまれて　人はたらけり
沖辺より　小舟あともひ　こぎきたる　いづれもまゆを　うらむとすらし

重き荷を背負ひて遠く来し人の　額の　深き皺に汗流る
つかれたる　顔して　大きかごにより　老婆一人が　ゐねむりてをり
安きまゆ　うりても　心やすからむ　ゑみてさびしく　つかれたる顔
雑踏の中に　立ちいて　見し顔は　皆緊張に　ときめきてをり
老いたるが　孫と来たりて　わづかなる　まゆを売らむと　番まちてをり
重きまゆを負ひ来て　金にかへてゆく　人らの顔の　うらやすげなる
松の木のこかげによりて人三人　つつましくして　飯たべてをり
老いにける女は　菓子を　帰途にかひ　まゆの銭もて支拂ひてをり
多からぬ金の入りたる財布より　銭つつましく出して拂へり
つつましく　銭を財布におとしけり　老いし女は　かすかに笑みて
まゆうりし　銭にて　己が愛し児の　洋服かへる　母親《オヤ》心あはれ
老いにける人らに　交り　美しく　若き　娘も　まゆ賣りに　来つ
よき着物　かはむと　蚕かへるにや　娘美し　まゆうる　横顔

飛行機　三首

飛行機を　見上ぐる顔は　一様に　みんな大きく　口あけてをり

ゆったりと　大空を行く　銀翼に　初夏の日は　照りて　いかしき

すみわたる　初夏の空　高く行く　ドルニエー・ワル　型のよろしき

赫々と　日は　照りまさり　雲の峯　わきて　ま白し　草原の上に

わがこもる海辺の村は　かぐはしき　みかん　花さき　春ゆかむとす

灯をけせば　障子にうつる　うすあかり　二十日の月は　いでむとすらし

牛　五首

牛小屋の　おぐらき隅に　大き牛　こちらを向きて　もだし立ちたり

まぐさもて　立てば　のそろと大き牛　我に近付き　したしきものを

大きなるからだに　とまる　蠅の群を　長き尾もちて　折々おふも

物いはぬ　なれはかなしも　黙々と　我が與ふ草　ひたにはみつつ

夕やみの　ほのけき中に　大き牛　黙々と立ち　人まつ如し

阿蘇の寫眞を見て　二首

仔をつれて　親馬とほく　あそぶ見ゆ　緑みなぎる　大阿蘇の裾

煙はく山に向ひて　大き馬　黙然と　立てり　青草深野

風死にし　夕の海は音もなし　遠き　沖辺の　雲やけにつつ

雑誌にのせられたる午睡の寫眞に　一首

その夢は　いかにたのしきものならむ　眠る乙女の純情の顔

乏しらの銭をかぞへて　愛しめり　手のひらにのせて　しばし見つむる

夜の道は　月　すずしかり　とある家　戸をあけはなち　青蚊帳つれり
しくしくに　腹すけるかも　道来れば　西側の家　夕餉時なり
向ツ峯に　眠は未だこもりたり　高くすみたる　朝あけの空
谷底の　寺は鐘つく　夕なれ　もや静かなる　山路を下る
夜の空の　さやかにはれて　三日月の　光はすめり　入海の上に

名月の夜　五首

宵は雨で、夜半にはれた。私は美しい月を見た。

月あかき　海原の上にかがよへる　時化の名残の　雲白きかも
ま白なる　砂に　よせてはかへす波　音きよらかに　夜ふけにけり
満身に　冷き月の光あび　浜にすはりて　海に向へり
もくもくと　家は　ならびてねむりたり　あかるき月の　道を　わがゆく
戸をあけて　向ふ　月夜の屋根の波　冷く白く　光りたるかも

椎の実にそへて友に　一首

椎の実の　つぶら黒きを　ひろひをり　大木の下　うすやみながら

ちぎれ雲　低く流るる頃と　なりぬ　遠山の峯　今日も　しぐるる

夜ふけて　波はしづかになりにけり　ランプのしみの　もゆる　音すも

三つ星は　東の空に　のぼりたり　屋根　わたり行く猫の　なき声

椎森の　秋をことほぎ　小鳥　あまた　ほがら音になく　はれし一日《ヒトヒ》を

由利君を送った日の日記をよんで　三首

由利君が病気で丹波へかえったのは、大正十四年もおしせまった十二月の二十日すぎだった。毎日三十九度ばかりの熱が出るので、医者に見てもらうと、肺尖カタルとのことだった。弱い身体で年末年始の郵便局にはたらくのは無理で、すすめて国にかえらせることにした。大阪駅へは私と今はなき大空修作君と二人だけ見送った。駅へは雪でまっ白になった貨車の入って来る寒い日であった。近江路で降られたのであろうなどと話しあった。

由利君はさびしくてたまらぬから、三田《サンダ》あたりまで送ってくれと言ったが、金がなくて出来なかった。今に忘れ得ぬ後悔である。さびしそうな顔が目先をちらつく。友を送るといいたたまらなくて、大阪城の天守台（その頃天守閣はなかった）へのぼって、友のいた丹波の山々を見たのであった。それから間もなく大空君も病み出した。私が二部へ入学した時、わざわざ大八車をかりて来て、駅まで荷を曳いて来てくれたのも、この病弱な友であった。私が学校を出たら一緒に暮そう、などと約束したのに、この友も由利君同様、私の教師たる姿を見ずに逝ってしまった。

ああ遂に　彼の友を再び見ざるらむ　この寂漠や！　遂に別れし！

二百万　人はぞよめく大都市を　目の前におく　無限の寂寥

家　々　々　ああはるかなる　家のはて　冬日に　光る　海見ゆるかも

再び阿蘇の寫眞を見て　五首

ひょうひょうと　風　枯草をなびかせて　今　たそがるる　大阿蘇の裾

茫漠の　野は霜枯れて　風寒し　太陽赤く　今おちんとす

赤々と　空やけにたれ　野のはてし　遠く牧馬の　つれだちかへる

裾野原　日はくれはてて　風寒し　黙々と　野をよこぎる　牧馬

ああ遂に　野も　天空も　くれはてて　茫漠のはて　またたく灯あり

少年時追憶　四首

ざくざくと　稲刈る　手先の　ほのあかり　鎌が　冷く　白く　光るも
ひねもすを田に稲刈りて腰いたし　仰ぐ　夕空星光りつつ
谷あいの　夕暮るる田に　ただ一人　稲刈りをれば　夜鴉なくも
こぼれもみ　拾ふ手先の　うすあかり　田の面は　ここだ　冷えわたりつつ

高山の　秀嶺に　映ゆる日の光　はざまに遠し　谷　くれむとす
丁々と　伐木の音　谷遠き　向ひの尾根に　ひびくさびしさ
凍寒の　空に　ただならぬ銃声の　一発遠し　朝あけむとす
稲は刈り　麦は蒔き終へ　時雨降る今宵　籾する　ランプの下に
時雨雲　低く　たれつつ　風寒し　山峡遠く　雉うつ銃声
すすき穂の　乱るる　丘の道わけて　雉うつ男　消えゆきにけり
うつむきて　夕日の道を　歩き居つ　足もとの草　風にゆれつつ

幼き日を　四首

かばんだに　買うてもらへぬ　我なりき　幼な日の思ひ出　今　はるかなり

友ら持つ　かばんを欲りて泣きたりし　八つの春の　思ひ出のあり

紋付も　袴も　持たぬわびしさに　式日の日を　かなしめり我は

祖母にせがみ　買うてもらひし　新辞典　夜毎いだきて　寝たり　幼な日

月夜　三首

まさやかに　冴えたる空や　冷きに　たたづみて　仰ぐ　夜半の満月

冴えかへる　遠き野の夜を　吹きすぐる　北風の音　ききゐたりけり

海近き　月夜の野道　一人来れば　たえず　さびしき　汐騒の音

療病の　さびしきに堪え　故里に　こもりて早も　二とせを経し

生きつぎむ　いのち　たふとし　病みながら　又春を迎ふ　あはれ　三とせの

貧しい女　四首

女の手　にぎりてかなし　手のひらの　あれて　かたきを　ひしと　たまゆら
女は　貧しき家に　育ちたり　あれたる手のひら　見せてかなしめり
手をとりて　乙女に言ひつ　まづしきは　まづしきままに　生きつがむもの
黒襟の　繻子が光りて　横顔の　痩せ　いたいたし　女　夜なべす

提灯の光うつれる　水だまり　雨こまやかに　ふりこみてをり
風やみて　夜なかを　雨となりにけり　屋根のかけひを　つたふ水音
浪の音は　夜更けても　尚　やまざりき　ねざめ勝ちなる　夜半の　さびしさ
何時しかに　雨やみにけむ　夜ふかく　椎森ならし　風　いでにけり

初めて教へたる子らはもう十七だといふに　一首

何時しかに　子らの手紙の　大人びつ　あはれ　別れて　四とせを　見ざる

ほそぼそと　一すじの道　たどりつつ　二十五年を　我は　歩めり

いつしか　記憶に消えし　人多し　二十五年は　長き　年月

ある、知ってゐる人が自殺した　一首

貧しさに　汝は命をたちにけむ　滔々の世波　わたるに難き

おぼろなる　月夜の道の明るさや　向ひの森に　鳩がなくなり

入つ日は　岬に赤く　映えにけり　海原遠き　佐多の岬《サキ》かも

父に　四首

歯のぬけて　頬おちにける　父親を　ふと　まともに見　うなだれにけり

漸く　齢ふけぬる　父と母　未だも我は　父母に貢がず

安らけき　境涯に　親を　一日も　置きし事なし　不肖の子　我は

老いにける　父　はたらかせ　我は居り　病むとふ事の　たえがたきかな　心さびしさ

ものみなを　己がいのちのさだめとぞ　あきらめにつつ　二年を　病みぬ

幾丘の　向うに遠き海原や　はるかに　はるかに　はてなかりけり

ただ高く　青く　はてなき大空は　四方の地平に　遠く　たれたり

子供らの　無心に　あそぶを　見ていたり　あるがままなる　ものの　あかるさ

幾重にも　たたなはる山の　はて遠く　一つ　雪つむ峯の　あかるさ

山はだの　赤く　はげたる一ところ　石きる音は　そこよりおこる

峠路の　脚下に　村のあるらしも　昏れて　乏しき　ともしびの数

子らに　二首

子供らは　おのもおのもに　のびおらむ　たよりなけれど　つつがなからむ

すこやかに　のびよふとれよ　かくのみを　はるかにいのり　我はこもれり

折々に　しぐれ来し雨　いつしかに　しめやかになり　小夜更けにけり

七八ツの子が毎日三人あそびにきた。それらと絵をかいたり、椎をひろいに行ったり、お宮へまいたりしてあそんだ。

ひねもすを　子らとあそびて　心安《ウラ》く　今宵夕餉の　味のよろしも

昭和七年三月七日上阪して泉北の北池田校に勤務することになった。その日信太山の原をあるいて　三首

よびつれど　声とどかじな　枯原の　この　廣野らを　よぎる人影

よごれたる　雲と思へり　かれ草の　原の半に　仰ぎ見につつ

放浪の　心が　つよく心うつ日なれ　さびしき　野を　よぎり居り

この心　我が一人なる　心ならめ　つぐる人なき　さびしさに　居り

友に送った歌はまだ多かった。しかしかえって来たのはこれだけであった。友の分はさきに「ひとみ」

として人々に贈った。「樹蔭」は、友が私の歌をかきあつめているので題をつけよ、と言って来たので、当時の私の日記の名をそのまま、転用したものである。
常さんよ！
堅い握手を！　　　　桧垣月見
――その父の死を悼みて――

ぐんぐん　のしあがった層雲がくづれて
風に
断雲がとぶ
常さんよ
海の色も
冷え冷えと変って来たらう
日々重苦しい思ひをいだいて野を行けば
私はいち早く
空に　水に
乱れた心に
秋の声を聞くのだ
しかし
思惟の鉄槌は
炭坑のツルハシ
私たちは胸に
油のような汗を流し
掌に血塗り
輝ける生命の
黒色に冴えた石を掘りあてることが出來る
私たちはカンテラの明りを常に守って
心の坑道を上下する鉱夫。

常さんよ。
君のお父っあんが
生活に疲れて病み
終に倒れたとの便り
私は
君が
さしあげたツルハシの余りに重く
君の心にのしかかってゐるのをハッキリ見る
君の前の鉱脈は
おお　いかに
君の全精力を要求して居ることか！

君のお父っあんは
小さな自作農。
ひしひしと迫る農業恐慌に
我らに近いあるものを胸に持って居たか！
一昨年の夏私が
追われる様に生活の斗いに疲れた体を
海辺の君の家に
寄せた時
どんなに親しく
どんなに眞実に
無言の中に
私をいたわりはげましてくれたことだらう！
私は
私のいだく思想も行為も
君のお父っあんに話すことはしなかった
しかし君のお父っあんは
苦しむものの本能でか
全てを正しく知ってくれて居たようだ。

君のお父っあんは
君の病気の時始めて知った、
君が旅で重く病んで

下宿で寂しくねてゐた時
どれだけかの田畑を人手に渡し
君の所にとんで來たのであった。
私は
君の枕許に坐った
君の病みほうけた寝顔に見入りながら
襖をへだてて
薄暗い部屋で
君のお父っあんとおっ母さんが
ボソボソ話す声を
暗然ときいたものであった。
おっ母さんの泣きじゃくりの声と
お父っあんの叱る声と、
それが金の事でもあったらうか！
君の病気のことでもあったらうか！
そんなにして君は二ヶ年間
君の病気の全快する迄

彼らの暖かい翼にいだかれて
守られて來たのであった。
常さんよ！
そのお父っあんがよ、
君の一家をなすのを見ずして
死んでしまったのだ。
君がどんな思いで居るか！
どんなに胸を
悲しみにかきむしられて居るか！
ああ思へば
この四月
父っあんの病気重く
君が歸郷して看病せんと欲したとき
君の心に
既に暗い予感でもあったか！
常さんよ！
君の頬を

心に痛くしみて流れる涙を
私はよみとることが出來る
君の肩をたたいて
ともに泣きたい思いだ。
君のお父っあんの死は
境遇を等しくする我らの父の
死ではないか！

ああ　太陽は我らのために照らす
我らはただ
奴隷のごとく生きて来た
いかに多くの我らのお父っあんが
暗い運命をたどり
暁の陽の光を見ずして
亡くなって行ったことだらう！
彼らは屠牛場に引かれて行く牛に似て
惨めであった。
彼らの姿は
ああ　また我らの姿でもあるか！
彼らの辿った運命の路は
また我らにも
押しつけられたいばらの路であっていいか！
否！　否！

常さんよ！
君は今　君のお父っあんの暗い死によって
我らに肉に食い込む
鎖の一端を
心に致命傷をおって
見る事が出来たのだ。
君は
磨かれた鋭いツルハシを
この鉱脈にハッシと

うちつける！
まつ裸の鉱夫の肌を
鉱石の破片が傷つけ血を流さうとも
君は怯まないであらう！
常さんよ！
君はお父っあんの死を生かさねばならぬ！

ああ　君のお父っあんは
夏雲とともに逝った。
海風は何を君に語るであらうか！
君は涙に
なにもかも見ることができなくなって居るだらうか！
君はいまたゞひたすら
嘆きを追って
暗緑に冷え冷えと変った海の底を
見つめて居るだらうか！
常さんよ！

常さんよ！
秋が君の心を一つにし深くし
君は退くことなく
生活に果敢なる勇士であってくれ！
君が恐らく
お父っあんの死の枕許でした、めたであらう
君の言葉が今は
君が君の心に言ひきかすべき
言葉となった、
〝この秋にはうんと元気を
出したいもんだと思って居る〟
この秋に！
さうだ、
常さんよ！
この秋にこそ！

一九三三年八月十五日

解説

田村善次郎

大正十一年三月、郷里の西方尋常高等小学校高等科を卒業した宮本先生は、そのまま村に残って父母を助けて農業に従い、夜は小学校時代の恩師の家に通って勉強に励んで一年を過ごし、翌大正十二年には大阪に出ることを父に許される。出郷は四月十八日、旧暦では三月三日、節句の日であった。春雨の降る午後、多くの友人や村人に見送られ下田《シタタ》から船で大畠《オオバタケ》に向かった。父善十郎は大畠の駅まで送ってくれた。大畠から夜行列車に乗り、大阪には翌日の朝六時半についた。とりあえず大阪市北区中江町市場にあった叔父宮本音五郎の家に荷を解いた。当時叔父は餅屋を営んでおり、しばらくはその仕事を手伝ったりしている。叔父の養子となっていた三才年下の弟、市太郎は西野田職工学校に通っていた。

宮本先生の自叙伝『民俗学の旅』には「大阪へ出てしばらくは、これから何をしてよいかわからなかった。職工になるか、弁護士の家の書生になるか。しかし逓信講習所の生徒募集の広告を見て、叔父はそれをすすめ､私は講習所を受験する事にした。」とある。また昭和十年四月に執筆した『我が半生の記録』には「郵便局へはいるために大阪中央局へ行ってみると、逓信講習所へ受験してみろというので、そうきめた」と書いている。本書に収録した「逓信講習所」では、島から来た少年は「仕方なく逓信講習所を受験した」ことになっている。実際はどうであったか明確には知り得ないが、出郷直前の日記を見ると以下のような記事がある。

「大正十二年三月十九日（月） 今日も昨日に同じだ。大阪〔叔父〕から葉書が来た。四月中旬上阪する様になるだらう。」

「大正十二年三月二十日（火）（前略）夜、梅田先生の所へ行く。いよいよ上阪の日がきまり、這入る所もきまつたから準備として理科をやる。」

「大正十二年三月二十一日（水）八時半までに大阪逓信局へ出す卒業証書写や履歴を書いて、森口、中島三人でぞうりを作る。（後略）」

「大正十二年三月二十二日（木）（前略）夜、風呂へはいってから大阪へ出す手紙と『新国民』へ投稿する原稿をポストへ投げ込んでおく。眠いから早く眠る。」

四月十九日に叔父の家に落ち着き、四月二十四日〜二十六日が逓信講習所の入所試験であるが、その間に大阪中央郵便局を訪れた記事は日記にはないし、弁護士の家を訪ねてもいない。また逓信講習所へ願書を提出した記事もないのだが、これは履歴書などを書いた翌二十二日に叔父音五郎に出した手紙に同封していたのだろうと推測出来る。将来的には兎も角として、上阪した当面の目的は逓信講習所に入所することにあったと考えても間違いなさそうである。

三日間にわたる試験の初日は体格検査と口頭試問、二日目は能力〔適性検査か？〕、技術試験。最終日は算術、国語、作文、地理、理科で、これはたいへん良くできたようだが、前日の技術と能力は「これは大部ゼロだ……」と日記に記しており、自信喪失、不安にかられたのであろう、発表前に逓信講習所に試験の結果を聞きに行っている。応対したのが山口県にいた人だとかでたいへん親切に対応してくれ点数なども見てくれ、それによると学科は平均九三点と非常によく出来ており、受験生中三番の成績であると教えられ、安心する。

宮本先生は小学校三年生の時に中耳炎を患い、左耳はほとんど聞こえないような状態になっていたという。そのことが災いとなって逓信講習所では電鍵操作の実技がどうしても上達せず、常に退学の恐怖にさらされ、その結果神経衰弱状態になり、線路をさまよい危ういところを級友に助けられたこともあるという。「逓信講習所」に記された島の少年の姿はフィクションではないのである。電信技術の拙さは卒業して高麗橋郵便局に勤務するようになってからも先生を脅かし続けた。その様子は「私の手帳から」などから窺う事が出来る。しかし劣悪な勤務環境の中で苦悩し、心身を蝕まれていったのはひとり宮本先生だけではなかった。『日本残酷物語』現代編に書かれた「逓信講習所」は当時の宮本先生とその仲間たちの状況を的確に表現している。また習作として書かれた『三等郵便局員』も講習所時代の仲間の一人がモデルであることは明白である。劣悪な状況の中でも向上心、向学心を失わなかった宮本青年は勉強を続け、高等文官になるための資格試験である高等試験を受け、専門学校入学資格検定試験（専検）を受験している。「我が半生の記録」には「（大正十四年）九月　専検をうけた。これも課目合格したに過ぎぬ。実は脚気悪く、ほとんど精力はなくなっていた」と記されている。課目合格ということの意味が明確に読み取れないのだが、後に続く脚気云々の記述とつなげて読めば、学科は合格したが体育、体格検査などが駄目だったという意味ではないかと推測できる。ともあれ大正十五年二月には天王寺師範本科第二部を受験して合格した。同じ年に逓信講習所を卒業した仲間の中では最初に抜け出した一人であった。それだけに仲間の期待も大きいものであったようだ。ちなみに本科第二部の入学資格は中等学校卒業もしくはそれと同程度の学力をもつ者で、修業年限は一年であった。二部というと夜間部だと考える人も多いが、当時の師範学校本科第二部は夜間部ではないのである。

大正十五年四月から学生生活がはじまると、健康も回復し、さらに猛烈な勉強をはじめる。師範学校だけではあきたらず、東京高等師範学校進学を志し、上京するも受験に失敗して帰ってくる。この時、大宅壮一を訪ねて大きな刺激を受け、昭和二年一月帰阪後、一ヵ月一万頁読書を計画し、三月卒業までに二万三千頁ほどを読むというような乱読を、それ以後何年も続けたりしている。

昭和二年三月、天王寺師範を卒業。大阪府泉南郡有真香《あまか》村修斉《しゅうせい》尋常小学校訓導の辞令を貰うが、四月一日から短期現役兵として入隊し、八月末まで訓練を受ける。修斉尋常小学校に赴任するのは九月からで、五年生を受け持つが、半年にして天王寺師範専攻科（地理専攻）を受験し、合格したので休職ということになる。専攻科は一年で卒業し、昭和四年四月から泉南郡田尻小学校に赴任する。五年女子の担任となるが、五年男子の図画も受け持って教えている。孫晋澔、古淵等はこの時の教え子である。この年の秋、最初の赴任校での教え子の姉なる女性を知り、親しくなる。本書に収録した「あおぞらのもと」はその女性にあてて書いたノートの第二部である。これは書きかけで手元に残されていたものである。第一部は当然手元には残ってはいない。彼女との関係は何ヶ月も続かず、ごく短い期間で終っている。

宮本先生は実に筆まめで友人や教え子にその時々の感想や作文などを書き送っている。その片鱗は「あおぞらのもと」に納められている友人への手紙などでも知ることが出来る。

また小学校教員として最後の赴任校であった取石小学校の児童たちと作った『とろし―大阪府泉北郡取石村生活誌』（宮本常一著作集別集1）の巻末に綴じられていた「故里の話」や「なんばんぎせる」などの文章は、教科書や教室での話だけでなく、先生自身の見たもの、調べたことを文章化し、それを謄写版にして配布して読ませることで物の見方や考え方を伝えていこうとした宮本先生の姿勢の端的な表れである。好意をもった女性にあてた「あおぞらのもと」も自分を知って貰いたい、理解して欲しいという想いと同時に、相手がより向上して欲しいという願いを籠めてのものであった。「あおぞらのもと」が未完に終ったのは、年末から出かけた徳島への旅で肋膜炎にかかったことも原因となっているようである。このあと先生は二年におよぶ長い闘病生活を送ることになる。

故里の海辺の家での闘病中の慰めは前から嗜んでいた短歌の創作であった。天師専攻科以来の親友、吉田久夫も同じ病で伏しており、お互い、頻繁に和歌の交換を行い、批評を取り交わしている。先生は昭和七年三月上阪、教員に復帰することになるが、吉田久夫は遂に平癒することなく昭和八年十二月永眠する。宮本先生は吉田氏の没後、彼からの七〇通に及ぶ歌便りを整理して、『ひとみ』と名づけて謄写印刷にして霊前に供え、知友に配った。「吉田君の追憶」は『ひとみ』に書いた友への追悼文である。「ひとみ」という題名は吉田氏が、自分の歌集のタイトルとして生前に選んでいたものであるという。本書の最後に載せた『歌集　樹蔭』は吉田久夫に送った先生の歌を吉田氏が整理したものに「更生記」と父宮本善十郎の死を悼んで詠んだ桧垣月見の詩を附してガリ版に刷り配布したものである。中扉中央に「父の霊に捧ぐ」と献記がある。「樹蔭」という題は当時の日記につけていた題を転用したという。「日記　樹蔭」は昭和六年六月以降の日記につけられているタイトルだが、それ以外に、昭和六年の歌稿ノートにも表紙に「樹蔭」と記されている。

昭和七年三月上阪した先生は、泉北郡北池田尋常高等小学校に代用教員として赴任することになり、尋常科一年を担当するが、校長に口説かれて四月の終りから併設の青年訓練所で農業を教えることになっている。本書の冒頭においた「和泉の国の青春」は、そこでの体験を主としたもののようである。

本書に収録した文章は最も早い「私の手帳から」が大正十三年、最も遅い「孫晋澔君のこと」が昭和四十年と執筆時期にかなりのバラツキがあり、また発表形態もノート、未刊原稿、同人誌、孔版私家版、一般誌、単行本とバラバラであるが、いずれも宮本先生の逓信講習所からはじまる苦悩に満ちた若き日の大阪時代の一駒である点では共通している。

民俗学研究者としての本格的な歩みをはじめる前の、若き日の宮本先生の苦悩し模索する姿を本書では窺うことが出来る。

『和泉の国の青春』収録論考　初出一覧

「和泉の国の青春」　『日本残酷物語』現代篇2　平凡社　昭和三十六年一月
「貧しき秀才たち」　『日本残酷物語』現代篇2　平凡社　昭和三十六年一月
「逓信講習所」　『日本残酷物語』現代篇2　平凡社　昭和三十六年一月
「私の手帳から」一～五　「同攻会報」第一号～第五号　同攻会　大正十三年六月～大正十四年二月
『三等郵便局員』　未刊原稿　昭和初年執筆
「孫晋澔君のこと」　『世に出ていく君たちに』1　汐文社　昭和四十年十一月
「吉田君の追憶」　『吉田久夫遺稿歌集　ひとみ』　孔版私家版　昭和九年九月
「あおぞらのもと」　未刊ノート　昭和四年執筆
「農に生まれ農に生きる」　「人間の科学」1―4　誠信書房　昭和三十八年十月
『歌集　樹陰』　孔版私家版　昭和八年八月

著者
宮本常一（みやもと・つねいち）
1907年、山口県周防大島生まれ。
大阪府立天王寺師範学校専攻科地理学専攻卒業。
民俗学者。
日本観光文化研究所所長、武蔵野美術大学教授、
日本常民文化研究所理事などを務める。
1981年没。同年勲三等瑞宝章。
著書：「日本人を考える」「忘れられた日本人」
「民具学の提唱」「日本の宿」「庶民の旅」
「山の道」「川の道」など。

和泉の国の青春

2010年5月25日　初版第1刷発行

著　者　宮本常一
編　者　田村善次郎
発行者　八坂立人
印刷・製本　モリモト印刷(株)

発行所　(株)八坂書房
〒101-0064　東京都千代田区猿楽町1-4-11
TEL.03-3293-7975　FAX.03-3293-7977
URL.: http://www.yasakashobo.co.jp

ISBN 978-4-89694-956-8